JENKE VON WILMSDORFF

WER WAGT, GEWINNT

Leben als Experiment

BASTEI
LÜBBE
TASCHENBUCH

BASTEI LÜBBE TASCHENBUCH
Band 60862

Für meinen über alles geliebten Sohn Jánik!

Dieser Titel ist auch als Hörbuch und E-Book erschienen.
Vollständige Taschenbuchausgabe
der bei Lübbe Hardcover erschienenen Hardcoverausgabe

Copyright © 2015 by Bastei Lübbe AG, Köln

Copyright Fotos Bildtafelteil © Jenke von Wilmsdorff
Umschlaggestaltung: Pauline Schimmelpenninck Büro für Gestaltung
Umschlagmotiv: © FinePic 2012
Satz: Dörlemann Satz, Lemförde
Gesetzt aus der Janson Text
Druck und Verarbeitung: GGP Media GmbH, Pößneck
Printed in Germany
ISBN 978-3-404-60862-1
5 4 3 2 1

Sie finden uns im Internet unter www.luebbe.de
Bitte beachten Sie auch: www.lesejury.de

Ich habe
den allergrößten
Respekt vor
Menschen wie
Edward Snowden

Inhalt

Vorwort + Update

Wer wagt gewinnt! Aber was?
Freiheit, Selbstvertrauen, Selbstbewusstsein, Selbstachtung, Glück, Erfahrung, erfüllte Lebenszeit, verwirklichte Träume und Respekt sind nur der Anfang. Aber es winkt noch mehr.

Wer wagt, der kann nur gewinnen. Aber Sie müssen davon überzeugt sein, es wagen zu wollen. Wenn Sie diesen Punkt für sich geklärt haben, Sie etwas verändern oder angehen wollen, dann stellen Sie sich endlich Ihren Ängsten und wagen Sie es!

Wer bin ich, Ihnen das zu raten?

Ich war das Kind, das vor allem Angst hat. Doch irgendwann hatte ich diese lähmende Angst satt! Ich wollte frei sein! Von Ängsten und Grenzen. Wahlweise habe ich mich mit meinen Ängsten verbündet, sie ignoriert, sie rausgeschmissen, sie akzeptiert. Heute lebe ich mit ihnen, aber lasse mich von ihnen nicht mehr in die Knie zwingen.

Meist verschwenden wir sehr viel Energie damit, uns unsere Träume klein- und auszureden, indem wir uns die Gefahren und Risiken für deren Umsetzung vor Augen führen. Das kann Jahre dauern, und am Schluss resignieren wir, und unsere Träume bleiben unerfüllt. Ab sofort lautet die Devise: umdenken! Die Kraft nicht verschwenden und von falschen Ängsten aufsaugen lassen, sondern für positive Gedanken und die Umsetzung unserer Ziele nutzen!

Ich kenne sie, die Hürden, die es zu überwinden gilt, um den Weg aus der Angst und zu sich selbst zu finden. Ich habe mich ihnen jahrelang gestellt. Doch ich kenne auch den Lohn dafür, habe erfahren, wie es ist, Schritt für Schritt sicherer zu werden, Stück für Stück die Herangehens- sowie Denkweisen zu verändern und neue Strategien zu erkämpfen. Natürlich ist es ein Wagnis, denn der Weg ist nicht immer eben, nicht alles funktioniert, schon gar nicht beim ersten Versuch. Aber jeder kann Veränderung herbeiführen, wenn er es nur will. Und umso mühevoller die Befreiung von den Ängsten ist, umso stärker wird die positive Veränderung sein.

Meine Geschichte zeigt, dass es sehr lohnend ist, wenn statt Angst immer mehr positive Energie freigesetzt wird. Vom ersten wackeligen Schritt bis hin zum Selbstläufer, der eine Eigendynamik entwickelt, und schließlich dem Gewinn von mehr Selbstvertrauen durch Selbsterfahrung. Dabei ist es nicht nötig, das ganze Leben auf den Kopf zu stellen. Selbst Veränderungen in kleinen Dosen sind wohltuend und befreiend.

Den Mut aufzubringen, sich selbst zu hinterfragen, ist der erste Schritt! Tief und ehrlich in sich hineinzuhören, von Zeit zu Zeit ein Querdenker sein, Dinge aus einer anderen Perspektive betrachten und allen voran seine eigenen Bedürfnisse wahrzunehmen und zu erkennen, gehört unbedingt dazu.

Nutzen wir also unsere Lebenszeit, um erfüllt zu sein, statt uns von Ängsten beherrschen und ausbremsen zu lassen!

Der Weg ist das Ziel!

Sie können das, wenn Sie wollen! Nur Mut! Denn wer wagt, gewinnt!

Köln/Leipzig, im Januar 2014

Update

Es ist viel passiert, seit das gebundene Buch im März 2014 erschienen ist: Ich war mit »Wer wagt, gewinnt« auf Lesetour und habe Menschen kennengelernt, die mich von meiner Arbeit aus dem Fernsehen kannten, dieses Buch gelesen hatten und mich mal »in echt« sehen wollten. Als wäre ich ein alter Bekannter, vertrauten sie mir ihre persönlichen Geschichten an, die mal zum Lachen, oft zum gemeinsamen Kopfschütteln und mitunter auch zum Weinen waren. Einzelne Geschichten aus meinem Buch, so verrieten sie mir, hatten sie ganz ähnlich erlebt, und die meisten der beschriebenen Ängste waren ihnen vertraut. Andere Ängste wiederum hatten sie als solche vorher nicht identifiziert, denn Ängste sind nicht immer auf den ersten Blick als Ängste zu erkennen. Ein Schmunzeln konnte ich mir immer dann nicht verkneifen, wenn mir Ehemänner gestanden, dass sie meine Lesung niemals besucht hätten, wären sie nicht von ihren Frauen dazu gezwungen worden. An dieser Stelle gebührt mein großer Dank diesen Frauen. Nicht nur, weil sie ihre Männer zu meiner Lesung geschleppt haben, sondern vielmehr, weil sie ihnen damit den Impuls versetzt haben, über ihr Leben nachzudenken und Situationen, Bedürfnisse und ihre Verantwortung in einer Beziehung mal aus einer anderen Perspektive zu betrachten. Denn das machen Männer leider nicht so gern wie Frauen. Lieber nörgeln sie an allem und damit selbstverständlich auch an ihren Frauen herum, als sich mit ihren eigenen anerzogenen und eingeübten Mustern zu beschäftigen. Ist ja auch einfacher so.

Die Auseinandersetzung mit sich selbst ist harte Arbeit und tut oft weh. Aber, wer glücklicher und befreiter leben will, hat keine Alternative. Auch darum geht es in diesem Buch.

Meine Zeilen richte ich an all die Menschen, die wissen, dass viel mehr in ihnen schlummert, als sie zulassen und an die Bedürfnisunterdrücker unter ihnen. Denn ich weiß aus eigener Erfahrung, wie befreiend es sein kann, im positiven Sinne selbstbezogener zu werden. Nicht auf Kosten anderer sollte man auf sich achten, viel mehr, weil man auch Verantwortung sich selbst gegenüber trägt.

Grotesker Weise stellen wir uns zu oft hinten an, richten uns nach den Bedürfnissen unserer Mitmenschen und Lebenspartner und bleiben dabei selbst auf der Strecke. Warum ist das so? Warum schaffen wir es nicht, unsere mentale Landkarte, unser persönliches Programm dahingehend zu ändern, dass wir im Reinen mit uns und unseren Bedürfnissen sind und sie dementsprechend auch klar äußern und verteidigen? Wir haben Angst, abgelehnt und bewertet zu werden – und bremsen uns deswegen selbst aus. Dieses Muster haben wir von unseren Eltern übernommen, unsere Eltern von ihren Eltern und die von deren Eltern ... Und auch, wenn wir oft das Gefühl haben, anders zu sein als sie, sind wir es doch meist nur im Kleinen. Dabei geht es mir nicht um eine Schuldzuweisung, sondern um das Erkennen dieser Programme, die zusätzlich durch das Verhalten früherer Lebens- und Liebespartner geprägt wurden. Doch wenn man das erkennt und hinterfragt, ist schon der erste Schritt in die richtige Richtung getan.

In meinem Buch erzähle ich Ihnen aus meinem Leben und wie sich der ängstlichste aller kleinen Jungen, der vor lauter Unsicherheit die Nahrung verweigerte, zu dem Mann entwickeln konnte, der heute in der Öffentlichkeit steht und sich von den meisten seiner überflüssigen Ängste befreien konnte. Der dorthin geht, wo es auch mal wehtun kann, um zu erfahren, zu berichten und um aufzuklären. Dessen Mutter heute noch sagt: »Muss das sein, mein Junge? Mach das lieber nicht!«

Und wie damals, als kleiner Kerl, höre ich noch immer nicht auf meine Mutter, wenn ich das Gefühl habe, etwas unbedingt machen und erfahren zu müssen. Denn nur wer es selbst fühlt, versteht andere. Das ist auch mein mich antreibendes Motiv für die »Jenke-Experimente«. Ich habe das große Bedürfnis, zur Aufklärung beizutragen und den Menschen und ihren Nöten eine Stimme und dadurch mediale Aufmerksamkeit zu geben, die sie sonst sehr wahrscheinlich in dieser Art nicht bekommen würden. Und auch wenn es Kritiker gibt, die mir nach meinem Alkohol-Experiment »Komasaufen für die Quote« vorwarfen oder nach dem Cannabis-Experiment schrieben »Nichts als heiße Luft« und mich gern pauschal als Selbstdarsteller kritisierten, berühren mich solche Worte nicht mehr. Ich bin überzeugt von dem, was ich tue, und nur das zählt, denn irgendjemand hat immer an irgendetwas herumzumeckern. Das werden Sie kennen. Der Versuch, allen gefallen zu wollen, ist kindlich naiv und hinterlässt doch nur die Fragen: Warum? Und wozu? Es geht um Ihr Gefühl, Ihre Ängste und Ihre Bedürfnisse im Leben und nicht um die der anderen.

Allein die positive Entwicklung, die nach dem Jenke-Experiment in der Legalisierungsdiskussion von Cannabis für Schmerzpatienten in Deutschland stattgefunden hat, bestätigt mich in meiner Arbeit auch mal provokativ an Themen heranzugehen, solange es der Sache dient und ich niemanden dabei vorführe und verletze. Einzelne Folgen meiner Experimente, übrigens auch zu den Themen »Cannabis« und »Alkohol«, gehören mittlerweile zum Unterrichtsmaterial einzelner Schulen – mehr Bestätigung ist nicht möglich. Und auch wenn man sich in 50 Fernsehminuten einem Thema nur nähern kann und es niemals perfekt ausleuchten wird, lässt sich trotzdem ein wichtiger

Impuls setzen und zum Nachdenken anregen. Wer sich von seinem Anspruch, alles perfekt abliefern zu wollen, zu sehr bremsen lässt, muss damit rechnen, ein Opfer der Zeit zu werden und niemals etwas zu bewegen. Legen Sie lieber gleich los. Das ist viel besser, als nur zu reden und immer nur zu beteuern. Bei uns im Rheinland heißt der knackige Appell: »Quatsch nit! Maaach!«

Als wir in einer Redaktionskonferenz über das aktuelle Thema »Cannabislegalisierung in Deutschland« diskutierten und beschlossen, uns mit diesem Thema in einem Jenke-Experiment auseinanderzusetzen, waren die Bedenken groß. Anfangs auch auf meiner Seite, denn ich war nie ein Kiffer und mein Bild aus der Zeit als ich mit 15 Jahren, eingehüllt in der großen Cannabiswolke meiner Freunde, diverse Joints inhalierte, um dazuzugehören, hatte sich seit dem nicht verändert. Schon damals wunderte ich mich regelmäßig, was sie an dem mich nur träge machenden Kraut so toll fanden. Statt aktiv und lebenshungrig durch die Gegend zu ziehen, hockten wir kollektiv apathisch auf den durchgelegenen Matratzen in einem Keller und kicherten darüber, dass wir zu nichts mehr imstande waren. Was also sollte sich an diesem Bild verändert haben? Je intensiver ich mich im vergangenen Jahr mit der Legalisierung dieser Droge in Deutschland auseinandersetzte, desto mehr erfuhr ich von den vielen Schmerzpatienten, für die Cannabis das einzige nebenwirkungsfreie Arzneimittel ist, das ihnen Krankheiten wie Krebs, multipler Sklerose, ADHS, Morbus Crohn, Tourette und viele andere Leiden erleichtert. Auch der Großteil dieser Patienten, mit denen ich sprach, hatte vorher eine eher kritische Meinung zum Thema Cannabis, doch die jahrelange Einnahme chemisch hergestellter Medikamente mit schweren Nebenwirkungen, hatte ihre Sicht verändert. Und selbst die Ärzte, die ich interviewte, plädierten mittlerweile für die Legalisierung von Cannabis als medizinische Therapieform. Die Drogenbeauftragte der Bundesregierung, Marlene Mortler, sah das damals jedoch völlig anders.

»Alkohol ja, Cannabis nein«, entgegnete mir die Landwirtin und Meisterin der ländlichen Hauswirtschaft auf ihrem Hof in Bayern und war partout zu keiner konstruktiven Auseinandersetzung mit diesem wichtigen Thema bereit. Nach sehr viel Kritik an ihren Äußerungen und Rücktrittsforderungen, sieht die CSU-Politikerin Mortler das heute anders. Jetzt will sie den Cannabiskonsum für Schwerkranke zur Kassenleistung machen. Es sei ihr Ziel, »dass in Zukunft mehr Menschen als bisher Cannabis als Medizin bekommen können«. So viel dazu. Unser Jenke-Experiment zu diesem Thema hatte also rückblickend auch dazu beigetragen, dass sich etwas verändert hat und weiterhin verändern wird: meine Sicht, Frau Mortlers Sicht und die Sicht anderer Kritiker und Bedenkenträger. Und diese Geschichte ist ein Beispiel dafür, was sich alles bewegen lässt, im Großen wie im Kleinen, wenn man etwas verändern will, wenn man dazu bereit ist und dies aus seiner Überzeugung heraus angeht.

In diesem Sinne würde es mich sehr glücklich machen, wenn ich Sie mit diesem Buch motivieren könnte, Umstände und Situationen, die Sie in Ihrem Leben nicht mögen, zu ändern und dass Sie anhand meiner Erlebnisse etwas aus diesem Buch mitnehmen, so wie es andere Leser vor Ihnen taten.

Mein großer Dank gilt an dieser Stelle den vielen lieben Nachrichten und Beziehungs-Updates, die ich bekommen habe. Auch wenn »Wer wagt, gewinnt« kein Ratgeber sein soll, hilft es Ihnen hoffentlich, in vielen Bereichen klarer zu sehen und zu erkennen, dass die Hürden oft viel unüberwindbarer erscheinen, als sie es in Wirklichkeit sind.

Wir haben nur dieses eine Leben und wir selbst sind dessen Baumeister. Eine große Arbeit, aber auch eine große Chance. Für uns selbst! Alles Gute!
Jenke von Wilmsdorff, Juni 2015

Frei sein am Ende der Welt

»Jede Ausrede,
sogar jene, die uns
selbst überzeugt, ist
eine Chance weniger.«

Franz Simon

Während ich diese Zeilen schreibe, bin ich auf dem Weg zu einem außergewöhnlichen Menschen, einem Extrem-Aussteiger. Er lebt mit Frau und zwei Kindern seit zwanzig Jahren im australischen Regenwald und soll dort sehr glücklich sein.

Was für ein Spinner! – Könnte man denken. Ich finde solche Menschen allerdings sehr interessant, ihre Geschichten meist hoch spannend. Denn auszusteigen und ans andere Ende der Welt zu ziehen, ist eine gewaltige und mutige Entscheidung, zu der sich nicht nur flüchtige Schwerverbrecher entschließen.

Spielen wir nicht alle von Zeit zu Zeit mit dem Gedanken auszusteigen? Ich persönlich bewege oft genüsslich Bilder im Kopf herum und stelle mir vor, wie es wäre, wenn ich mein Leben radikal verändern und an einen Ort gehen würde, der für mich ein Traumziel ist. Aber wer von uns zieht das durch?

Gito von Schlippe hat es durchgezogen. Er hat nicht nur geredet, sondern gehandelt. Heute ist er Mitte fünfzig, seine Frau knapp zehn Jahre jünger, die gemeinsamen Kinder sind acht und sechzehn Jahre alt und wurden beide im tropischen Regenwald geboren; in einem selbst gebauten Wasserbecken zwischen Eukalyptusbäumen und Farnsträuchern. Das große Holzhaus der Familie liegt paradiesisch auf einer Anhöhe, versteckt am Rande eines Vulkankraters an der Ostküste Australiens, und von den wenigen Fenstern und den vielen Freiflächen aus genießt man einen traumhaften Blick über die dampfenden Wälder, sieht

Koalabären in Eukalyptusbäumen klettern und bunte Papageien bei ihren abenteuerlichen Flugübungen.

Der Weg dorthin ist beschwerlich, und den steilen Hang hinauf in den Wald kann man nur passieren, wenn das Wetter es erlaubt. Regelmäßig fluten starke Regenfälle den Bach, der die Zivilisation von dem Leben in völliger Abgeschiedenheit trennt. Dann sind die Menschen auf beiden Seiten auf unbestimmte Zeit füreinander nicht zu erreichen.

Der Jeep, in dem ich sitze, stöhnt mitleiderregend, während er sich Meter für Meter den Hang hochfrisst. Ich danke dem lieben Gott für das gute Wetter und Carl Benz für die Erfindung des Automobils. Und während ich unaufhörlich durchgeschüttelt werde, stelle ich mir diese Familie bildlich vor, und auch ich habe natürlich die üblichen Klischeebilder vor Augen: ungepflegte Menschen, die extrem alternativ mit Körnermühle und veganen Lebensmitteln den Großteil des Tages in der Hängematte verbringen. Weit weg von Internet- und iPhone-Sucht, werden sie als Selbstversorger jeden Kontakt zur Außenwelt abgeschnitten haben, weltfremd und total verpeilt.

Schamesröte macht sich in meinem Gesicht breit, gleich nach meiner Ankunft. Hier leben keine zotteligen Freaks in einer Kommune, sondern sehr offene, sehr freundliche Menschen, denke ich, als mir der ältere der beiden Söhne in seinen neuen NIKE-Turnschuhen entgegenkommt, die iPod-Kabel im Ohr, die Haare mit Gel cool gestylt. Er begrüßt mich herzlich, stellt sich vor, fragt lächelnd, wie das Wetter zurzeit in Deutschland sei, und verabschiedet sich auch gleich wieder, weil er zum Skaten ins Dorf will. Ich schäme mich ein wenig, mit welchen Vorurteilen ich hier angereist bin. Als Gito mir bei der Baumhausführung das große Zimmer der Kinder zeigt, entdecke ich einen Achtjährigen, der gerade die kleinen bunten Fische in seinem Aquarium füttert, vor einer Fototapete, die keine ist. Es ist die Wirklichkeit, der traumhafte Ausblick aus seinem Kinderzimmer in den tropischen Regenwald. Als mich der Kleine entdeckt, greift er umgehend zu einem kleinen Block und seiner Geldbörse. Er sammle für die Schultombola, plappert er mich fröhlich an, und würde sehr gern derjenige sein, der die meisten Lose verkauft hat. Denn dann bekäme er eine tolle Prämie. Ich muss innerlich laut lachen, weil auch Fritz ein Junge wie jeder andere ist, und kaufe ihm ein paar Lose ab, die ich ihm gleich wieder schenke, damit er den eventuellen Gewinn, einen MP3-Player, auf den er ganz scharf ist, im Glücksfall behalten kann. Diese beiden Jungs wirken so wunderbar normal und sympathisch, dass ich sehr berührt bin.

In den 24 Stunden, die ich mit der Familie im Regenwald verbringe, spüre ich die Ausgeglichenheit der Kinder, beobachte sie beim Klettern auf den Bäumen und verbringe mit ihnen Zeit in ihren Zimmern, die nicht anders aussehen als die Kinderzimmer Gleichaltriger in Deutschland. Immer wieder erzählen sie mir, wie glücklich sie in der Abgeschiedenheit und mit ihrem Leben sind. Sie wissen sehr genau, wie die Welt draußen aussieht, und können sich ihr auch nur bedingt entziehen. Beide wollen später zeitweise auch in der Stadt leben, ihr Dschungelleben mit der Zivilisation verknüpfen. Das wäre ihr Ideal, sagen sie. Irgendwann in der Zukunft.

Nein, man braucht nicht viel Geld, um eine solche Entscheidung zu treffen. Man braucht Mut und Entschlossenheit. Gito zum Beispiel hatte sich während einer Backpacker-Reise nach Australien 2000 DM von seinem Vater geliehen, kaufte mit seiner jetzigen Frau ein Stückchen Land und baute eine kleine Hütte darauf. Der studierte Biologe wurde zum Selbstversorger, pflanzte Gemüse an, legte quer durch den Wald eine Leitung zum nächsten Wasserfall und wurde Schritt für Schritt immer unabhängiger.

Im Laufe der Jahre folgten vier weitere Menschen mit ähnlichen Träumen seinem Beispiel und zogen zu ihm in die Einöde. Neben Geld brachten sie unterschiedliche Fähigkeiten mit und so entstand eine Zweckgemeinschaft, die noch immer hält. Heute ist ihr gemeinsamer Besitz im australischen Regenwald rund 500000 Quadratmeter groß, und aus den kleinen Holzhütten sind schöne Stelzenhäuser mit selbst erzeugtem Strom, Warmwasser, Internetanschluss und Satellitenschüssel geworden. Den beschwerlichen Weg zum nächsten Dorf legen sie auch nicht mehr zu Fuß zurück, sondern im geländetauglichen Toyota-Jeep, denn Gito fing an zu malen und lebt mittlerweile, nach eigenen Angaben, vom Verkauf seiner Bilder. Und wenn das mal nicht reicht, bietet er Massagen oder Gästezimmer auf seinem Grundstück an. Irgendwie geht's immer.

Ich bin selten an einem Ort, an dem ich mich in so kurzer Zeit entspannen kann. Schon nach zwölf Stunden spüre ich, wie die Gelassenheit von Gito und seiner Familie auf mich übergeht. Und das, obwohl ich hier nicht einmal im Urlaub bin, sondern eine intensive Reportage über ihn drehen möchte. Allein die Art und Weise, wie er spricht, das entschleunigte Tempo in seinem Alltag, die stets fröhliche und entspannte Stimmung steckt mich an. Das ist übrigens der Hauptgrund, warum er so oft von Stressmenschen aus aller Welt besucht wird. Mittlerweile bietet er für die »Zivilisations-Menschen« Gästezimmer an und für die ganz gestressten unter ihnen sogar Yoga- und Meditationsübungen.

Gut, jede seiner Entspannungs- und Findungsprozeduren muss ich nicht auf Dauer mitmachen. Den Besuch in der Schwitzhütte, zum Beispiel. Aus dicken Ästen und mehreren alten Leinentüchern baut er zusammen mit seinen Söhnen eine Art Zelt. Innen, auf dem lehmigen Boden, stapelt er große Steine, die er vorher über Stunden in einem Feuer fast zum Glühen gebracht hat. Steine ins Zelt, etwas Wasser darübergeschüttet und somit Dampf erzeugt, die Klamotten vom Leib gerissen, hinein in die

Hitze und dann wird geschwitzt. Und zwar ordentlich! Es wird so lange und intensiv geschwitzt, bis man glaubt, das Bewusstsein zu verlieren. Dabei soll es sich nur verändern, das Bewusstsein, sagt Gito. Von einem irdischen Zustand in einen alles überblickenden. Ist jetzt ein bisschen viel Esoterik, oder?!

Erlernt hat er diese Schwitzhütten-Bewusstseinsveränderungs-Technik bei den Indianern Nordamerikas, sagt er. Auf seiner langen Suche nach sich selbst, die vor dreißig Jahren begann und bis heute eigentlich kein Ende gefunden hat. Sie führte ihn durch indische Ashrams, machte ihn zum Anhänger einzelner Gurus und brachte ihn eben auch zu den unterschiedlichen Indianerstämmen. Viele Monate lang hatte Gito mit ihnen in Zelten gelebt und sich jede Menge Schamanisches angeeignet.

Er hat getrommelt, sein Bewusstsein verloren oder verändert und tagelang in Schwitzhütten verbracht. Auch allerhand Indianerdrogen habe er ausprobiert, verrät er mir, schwöre denen aber heute ab – durch sie sei er eher zum Drogengegner mutiert, sagt er. Er habe für sich in all den Jahren und nach all den halluzinogenen Substanzen entdeckt, wo die Ruhe, die Sicherheit und die Erfüllung in seinem Leben liegt: in ihm selbst! Er wurde süchtig nach Abgeschiedenheit, Harmonie und seiner rostigen Badewanne, die er hinterm Haus auf ein paar Steine gebockt hat. Wenn er darunter ein Feuer geschürt hat, sitzt er stundenlang im Regenwasser und glotzt in die Wälder. Das ist seine Droge. Da seine Frau dieselbe Leidenschaft pflegt, stehen zwischen Eukalyptusbäumen und Farnen zwei alte Emaillebadewannen in stiller Eintracht nebeneinander – Romantik pur! Und in diesen Badewannen sitzen jetzt wir und führen ein offenes, sehr interessantes Gespräch. Hier ist die Kurzversion davon:

»*Was ist mit deinen Ängsten, Gito?*«

»*Ängste? Wovor?*«, fragt er.

»*Vor Krankheiten?*«

»Im nächsten Dorf gibt es doch Ärzte. Also, nein. Keine Angst!«

»Vor finanzieller Not?«

»Meine Frau und ich brauchen nicht viel Geld zum Leben. Die einzigen Sonderausgaben fallen für die Kinder an. Wenn das Geld mal knapp wird, müssen wir sparen. Das wissen die Kinder. Ansonsten haben meine Frau und ich mittlerweile so viele Fähigkeiten entwickelt, dass wir im Dorf unsere Dienste anbieten können. Also, auch hier: nein!«

»Vor dem Alleinsein denn? Was ist, wenn deine Kinder eines Tages aus dem Haus sind und sich deine Frau von dir trennen will?«

»Ich werde mir darüber Gedanken machen, wenn es so weit ist. Nicht jetzt. Also, auch in diesem Punkt: nein!«

Gito ist kein Spinner, er ist ein Entschlossener. Vielleicht aus unserer Sicht ein wenig naiv, ein wenig zu entspannt. Doch er hat aufgehört, sein Leben im Voraus zu planen, und lebt bewusst im Hier und Jetzt. Das hat ihn befreit, sagt er. Seitdem kann er alles sehr viel mehr genießen. Und diese Ruhe und Gelassenheit überträgt sich positiv auf seine Kinder. Das kann ich bestätigen. Er holt sich aus beiden Welten, was er und seine Familie zum Glücklichsein brauchen.

Ich finde das beneidenswert und auf jeden Fall überdenkenswert. Für mich bot die Lebensart der Familie und ihre Sicht auf das große Ganze einen Impuls, auch einmal völlig quer und anders zu denken. Wir sollten öfter Dinge in unserem Kopf zulassen, die wir uns so noch nie ausgemalt haben. Wir denken zu viel! Aber nicht unbedingt immer in die richtige Richtung. Sie, ich und der Rest von uns engen sich so gedanklich ein. Klar, sollte man gewisse Dinge im Kopf mal durchgegangen sein, bevor man sie umsetzt. Aber wir sollten uns nicht durch zu viele Bedenken und Ängste davon abbringen lassen, das anzugehen, was wir eigentlich wollen. Sicherlich werde ich in absehbarer Zeit nicht in den Regenwald ziehen, aber die Erkenntnisse, die ich von dem Treffen mit Gito und seiner Familie mitgebracht habe, werde ich ganz sicher in vielen Bereichen meines Lebens anwenden können.

Gitos Leben und seine Vorstellungen davon haben mit meinem Leben und meiner Sicht sehr viel gemeinsam. Auch wenn es auf den ersten Blick nicht so scheinen mag. Er ist seinem Grundbedürfnis nach einem selbstbestimmten Dasein gefolgt, er hat die Warnungen und Bedenken der Menschen um ihn herum wahrgenommen, sich von seinem Ziel aber nicht abbringen lassen. Das finde ich beispielhaft! Gito hat sich seinen Ängsten gestellt und ist seinen Bedürfnissen gefolgt. Das hat ihn zu einem ausgeglichenen, in sich ruhenden und glücklichen Menschen gemacht. Er ist zu einem Menschen geworden, der nicht angstfrei ist, sich aber mit seinen Ängsten verbündet hat.

Und genau das verbindet uns.

Gitos und Jenkes Meditationsübungen

Ich habe von Gito gelernt, wie man sich schnell und sehr effektiv entspannt. Das dauert nur wenige Minuten und sorgt für jede Menge Gedankenfrische und Ruhe im Geist. Mich hat das so beeindruckt, dass ich mich, als ich wieder zu Hause war, mit Meditationen oder, wem das zu esoterisch klingt, mit »sich sammeln« intensiver auseinandergesetzt habe.

Da ich persönlich nicht stundenlang auf der Isomatte hocken will, umgeben von sphärischen Klängen und indischen Räucherstäbchen, sind mein Übungen recht kurz, knapp, schnell umsetzbar und ziemlich pragmatisch. Und dabei höchst effektiv!

Ich sorge für eine ruhige Umgebung, schalte das Telefon ab und die Türklingel aus und setze mich gemütlich und aufrecht in einen Schneidersitz. Das Becken sollte leicht nach vorne gekippt sein, um zehn bis fünfzehn Minuten mit geradem Rücken, aber schmerzfrei sitzen zu können. Wem das zu unbequem ist, der kann auch liegen. Viele raten davon ab, weil die Gefahr einzuschlafen zu groß sei, aber bei mir funktioniert es auch. Wenn ich bei dem »sich Sammeln« nicht einschlafen will, dann gelingt mir das auch. Los geht's:

Ich atme tief in den Bauch. Das beherrschen viele Menschen gar nicht mehr und atmen hauptsächlich in die Brust. Je gestresster und angespannter ich bin, desto mehr atme ich in die Brust, flach und viel zu schnell. Mit der tiefen Bauchatmung kehrt die Ruhe in meinen Körper zurück. Mein Bauch hebt und senkt sich mit jedem Atemzug. Ich versuche immer länger aus- als einzuatmen. Mit jedem neuen Atemzug inhaliere ich frische, energiegeladene Luft tief in meinen Körper. Dabei stelle ich mir vor, wie Sonnenschein mein Gesicht wärmt. Bei jedem Ausatmen mache ich mir bewusst, wie verbrauchte, energieentleerte Luft meine Lunge verlässt. Ich verfolge den Atemzug frischer Luft auf seinem Weg durch die Nase, durch den Hals, wie er sich in der Lunge breitmacht und weiter in den Bauchraum fließt. Dort halte ich den Atem kurz an und genieße das erfrischende und kraftgebende Gefühl. Sobald ich immer ruhiger werde und mein Atem immer harmonischer fließt, konzentriere ich mich auf das erste Geräusch, das ich höre. Dabei höre ich aber nicht auf, meinen Atem bewusst auf seinem Weg in und durch meinen Körper zu verfolgen. Ich konzentriere mich auf beides gleichzeitig. Das entspannt und lässt die Gedanken zur Ruhe kommen.

Wenn mein Kopf vor lauter Gedankenverkehr zu platzen droht, also in seltenen Extremsituationen, dann erweitere ich die Übung, indem ich mich zusätzlich noch auf ein zweites Geräusch in meiner Umgebung konzentriere. Auch das natürlich gleichzeitig zum ersten Geräusch und zum Atmen. Das macht den vollsten Kopf nach wenigen Minuten wieder frei. Denn spätestens dann ist im Kopf kein Platz mehr für das Gedankenkarussell. Das hilft mir immer.

Neben der tiefen Bauchatmung empfiehlt Gito, sich die Gedanken wie vorbeifahrende Autos vorzustellen. Jedes Auto ein Gedanke. Man beobachtet sie, denkt aber nicht über sie nach. Man lässt sie einfach nur vorbeiziehen. Auch das habe ich ausprobiert, und es funktioniert sehr gut und sehr schnell. Endlich wieder Ruhe im Kopf.

Noch ein Tipp: Lächeln Sie bei diesen Übungen. Denn lächeln entspannt den gesamten Körper, sorgt für gute Gefühle und gibt verlorene Energie zurück. Das funktioniert übrigens auch, wenn Sie nicht meditieren, in jeder Situation und zu jeder Tageszeit!

Als ich
die Angst
kennenlernte

»Angst haben wir alle.
Der Unterschied liegt in der Frage,
wovor.«

Frank Thiess

Ich habe Angst,
große Angst!
Vor nahezu allem!

Ich habe Angst vor der Dunkelheit, Angst vor dem Alleinsein, ich habe Angst vor dicken Erzieherinnen, Angst vor dem Essen, und meinen Weg in den Kindergarten starte ich jeden Morgen mit einem durch Angst verkrampften Magen. Mein großer Bruder tritt umso kräftiger in die Pedalen, je lauter sich mein Flehen, mich nicht dort abzuliefern, von hinten in seine Ohren bohrt.

Ich kauere auf dem Gepäckträger, meine kleinen Ärmchen umklammern ihn fest, meine Tränen wische ich an seiner Jacke ab. Ich bin vier, mein Bruder ist neun Jahre alt. Wir sind beide traurig und von der Situation völlig überfordert.

Damals lernte ich zum ersten Mal bewusst die Angst kennen. Ein Gefühl, für das ich als kleiner Junge noch keinen Namen hatte, aber den Schmerz und die Ohnmacht mit voller Wucht spürte. Es tat weh. Sehr weh sogar. Und schon als Vierjähriger wusste ich, dass ich dieses Gefühl nicht mochte und nicht wollte. Die Angst lähmte mich, hielt mich gefangen und versperrte mir den Blick auf die schönen, die erfreulichen Ereignisse des Tages. Es dauerte jedes Mal Stunden, bis ich mich mit dem Gefühl irgendwie arrangiert hatte, und so verbrachte ich im Kindergarten die erste Hälfte des Tages als stiller Beobachter Halt suchend an einer Wand angelehnt, und keinem der anderen Kinder gelang es, mich zum Spielen zu motivieren. Erst nachdem sich meine Lähmung nach und nach aufgelöst hatte, ich die Angst als meinen unvermeidlichen Begleiter angenommen hatte, stürzte ich mich in meinen Kinderalltag. Jeden Tag aufs Neue.

Je weiter der Nachmittag voranschritt, desto fröhlicher, aber auch unruhiger wurde ich. Meine Mutter holte mich immer zwischen vier und fünf Uhr ab und war auf dem hügeligen Fußweg in der Ferne schon viele Minuten vor ihrer Ankunft zu sehen. Ich baute mich ab drei Uhr am Kindergartenzaun auf, um auf sie zu warten, und je mehr Zeit verstrich, umso spürbarer packte mich wieder die Angst. Verpasste sie einmal den Bus oder wurde mit ihrer Arbeit im Büro nicht rechtzeitig fertig, verharrte ich mit Herzschmerz am Zaun. Jedes Mal aufs Neue.

Wovor hatte ich Angst? Meine Eltern hatten sich kurz zuvor scheiden lassen, und mein Vater verließ die Familie, vorerst ohne jeden weiteren Kontakt zu uns Kindern. Er ging ohne erklärende Worte und ohne einen letzten Gruß. Für mich war er plötzlich von einem auf den anderen Tag verschwunden. Er war einfach nicht mehr da. Wie weggerissen. Und die Angst, dass meine Mutter es ihm gleichtun könnte, versetzte mich in diesen Zustand der Hilflosigkeit. Da halfen auch die beruhigenden Worte meiner Mutter nicht oder nur sehr wenig. So ist das mit der Angst. Worte und Gesten kommen nicht gegen sie an, mildern sie vielleicht, nehmen ihr aber nicht die Bedrohung und den sauren Geschmack. Erst die eigene Auseinandersetzung mit der Angst, das eigene Durchleben und Meistern nehmen ihr die Wucht.

Ich war damals zu jung, mich dieser Angst zu stellen und wusste sie nicht einzuordnen. Ich war ihr über lange Zeit ausgeliefert, und neue Ängste kamen dazu. Denn das Schlimme ist: Ängste ziehen Ängste an. Immer wieder. Ein Teufelskreis.

Ganz schön traurig, die Geschichte, oder?! Ja, das empfinde ich auch nach all den Jahren noch so. Doch ich wette, jeder von uns schleppt sein Emo-Päckchen aus der Kindheit noch mit sich rum. Auch Sie!

Heute, 45 Jahre später, haben sich meine Ängste so stark reduziert, dass ich gut mit ihnen leben kann. Natürlich hat auch mein Leben noch seine Baustellen, aber mittlerweile weiß ich, wo genau ich schrauben muss. Und ich habe akzeptiert, dass es Ängste gibt, die ich niemals loswerde, die zu meinem Leben dazugehören. Ganz oben auf meiner Liste steht die Angst vor dem Verlust eines geliebten Menschen. Weder mein Verstand noch meine Einsicht, weder Mut noch Erfahrung werden sie jemals mildern. Ich habe große Angst davor und werde sie immer haben.

Dann habe ich Angst vor einer schweren Krankheit oder einem alles verändernden Unfall – ich habe zu viele Schicksale gesehen, mit zu vielen Opfern gesprochen, um meine Angst davor jemals loszuwerden. Aber das ist gut so, denn so bleibe ich dankbar, mitfühlend, wachsam und verantwortungsvoll. Nicht alle Ängste sind schlecht, manche sogar überlebenswichtig, denn wir alle wissen, wo wir als Mensch heute stünden, hätten wir alle Ängste abgeschüttelt. Da gäbe es kein Heute, nicht für Sie und nicht für mich. Ohne Angst wäre die Menschheit schon vor langer Zeit untergegangen, aufgefressen von wilden, wenig sympathischen Tieren.

Es gibt also ein paar Ängste, an denen können und sollten wir nicht rütteln. Doch die sind nicht unser wirkliches Problem. Es sind die kleinen Ängste, die alltäglichen, die überflüssig sind und ausschließlich gegen uns arbeiten.

Alle krankhaften Ängste werde ich in diesem Buch leider nicht berücksichtigen können, da müssen Sie schon zum Arzt. Sorry. Aber wenn Sie sich unfrei und von sich selbst gebremst fühlen, wenn Sie sich über Ihre Mutlosigkeit ärgern, einer verpassten Chance hinterhertrauern oder einfach nur zu ängstlich sind, den ersten Schritt zu wagen – egal, in welchem Lebensbereich –, dann sind Sie hier goldrichtig. Denn meist versteckt sich hinter dem, was uns von etwas abhält, »nur« die Angst. Und weil sie raffiniert und heimtückisch ist, trägt sie ein wechselndes Kostüm mit Maske. Aber Angst erkannt, Angst gebannt, reicht nicht. Nicht ganz, jedenfalls. Ein bisschen mehr Arbeit ist es dann schon. Aber viel weniger, als Sie denken, glauben Sie mir.

Worte
einer ängstlichen,
aber stolzen
Mutter

Seitdem ich Dich das erste Mal in meinen Armen hielt, bist Du etwas ganz Besonderes für mich! Mein Nesthäkchen.

Als kleiner Junge warst Du sehr ängstlich. Ich habe versucht, Dir Deine Ängste zu nehmen, Dich zu beschützen und immer für Dich da zu sein.

Als Du älter wurdest, hattest Du nur wenige Zweifel, weil Du sehr stark an Dich selbst geglaubt hast. Du hast so viele Talente!

Für mich warst Du als Jugendlicher und auch in der Zeit des Erwachsenwerdens nicht immer leicht zu verstehen. Oft kam ich nicht an Dich heran, Du warst nicht greifbar und hast vieles mit Dir allein ausgemacht. Aber sagen das nicht alle Mütter über ihre Kinder, so lange nicht absehbar ist, wohin die Selbstfindungsreise führt?

Ich hatte oft Sorgen um Dich, insbesondere im Hinblick auf Deine schulische Laufbahn. Es war für mich als alleinerziehende und berufstätige Mutter nicht immer leicht, allen Rollen in gleicher Weise gerecht zu werden.

Als Deine Mutter habe ich viel mitgemacht, was mir manche schlaflose Nacht bescherte. Beruhigt war ich immer erst, wenn ich ein Lebenszeichen von Dir bekam und ich von Dir erfuhr, dass alles gut war. Meine allergrößten Ängste um Dich stand ich durch, als Du mit dem Flüchtlingsboot nach Lampedusa fuhrst – mach das ja nie wieder, Junge!

Aber auch Deine Experimente, die bis an die Grenzen Deiner Gesundheit gehen, machten und machen mir immer wieder große Sorgen. Doch ich vertraue darauf, dass Du weißt, was Du tust.

Dein Durchsetzungsvermögen und Dein Mut haben Dich zwar an Deine Grenzen geführt und oft sogar darüber hinaus, sie haben Dich aber auch zu dem gemacht, der Du heute bist.

Ich hoffe und wünsche Dir, dass alle Deine Vorhaben auch weiterhin von Erfolg gekrönt sein werden und dass Du all diese ohne Schaden überstehst.

Ich bin sehr, sehr stolz auf Dich!

Deine Dich immer liebende Mutter.

Bonn, im November 2013

Mehr Angst geht nicht

»Wenn man
denkt: Was könnte
alles passieren, dann
hat man schon den
Finger an der Bremse.«

Erik Zabel

»Das, was Sie da gemacht haben, planen wir seit Jahren. Aber bis heute haben wir uns nicht getraut!«

(Italienischer Polizist auf Sizilien, der mich verhörte)

Der junge Mann vor mir zittert am ganzen Leib. Der Schweiß glänzt ihm sichtbar im Nacken und sein dünner Körper ist bereits so starr vor Angst, dass die ersten Muskeln versagen. Die Plastiktüte mit seinem letzten Hab und Gut fällt scheppernd zu Boden. Es dauert nur wenige Sekunden, schon drängt sich ein grobschlächtiger Wächter zwischen uns und baut sich vor dem jungen Mann drohend auf. Während der Wächter den jungen Mann anbrüllt, hebt er einen Baseballschläger, um seine Ernsthaftigkeit zu unterstreichen, wodurch der arme Kerl noch mehr Angst bekommt, was eigentlich unmöglich schien.

Auch mich raunzt der Wächter an und tastet grob meinen Oberkörper nach einer versteckten Kamera ab. Er weiß, dass ich Journalist bin, und er traut mir nicht. Und er mag mich nicht. Das Einzige, was ich in der rabenschwarzen Nacht von ihm erkenne, sind seine vor Aggressivität leuchtenden Augen, sein grobes Gebiss und den massiven Baseballschläger. Da er keine Kamera findet, lässt er von mir ab und drangsaliert die anderen Männer hinter mir. Wir stehen aufgereiht wie für einen Gefangenentransport am tosenden Meer vor Tunesiens Küste, jeder von uns mit nur einer Tasche Gepäck. Es ist drei Uhr in der Nacht, und die Angst kühlt unsere frierenden Körper noch stärker aus. Die etwa 250 Männer vor und hinter mir sind Flücht-linge, mein Kameramann Jan und ich die ersten Journalisten, die eine solche Flucht übers Meer begleiten wollen. Auch wenn die Problematik bekannt ist, bisher hat niemand über das Leid die-ser Menschen während einer Überfahrt gesprochen. Es wird einfach totgeschwiegen. Auch über die Hintermänner und die Abläufe weiß man so gut wie nichts. Kein Wunder, dass die Ge-schäfte der Schlepper florieren. Wer sind die Männer im Hin-tergrund? Wie kommt ein Flüchtling mit ihnen in Kontakt und letztlich auf eines der Boote? Wie fühlt sich ein Mensch, der alles hinter sich lässt und sein Leben riskiert, in der Hoffnung auf eine bessere Zukunft? Nur ein Teil der Fragen, die mich be-wogen haben, als Journalist die Reise zu machen, um diese Ge-schichte zu erzählen.

Die Fahrt von der libyschen Grenze zur italienischen Insel Lam-pedusa soll 15 Stunden dauern. Soll. In diesem Moment ahnt niemand von uns, dass wir erst 45 Stunden später wieder siche-ren Boden unter den Füßen haben werden und dass auf dem Weg dahin nahezu alles schiefgehen wird, was schiefgehen kann.

Auf nackten Füßen, in der rechten Hand die Tasche, in der linken die ausgezogenen Schuhe, starren wir zur Abfahrt bereit ängstlich in die schwarze Nacht. Doch das Einzige, was wir in diesem Moment vor Augen haben, sind die unheilvollen Bilder gescheiterter Überfahrten. Von dem Gummiboot, das uns aufs offene Meer zum größeren Hauptschiff bringen soll, ist weit und breit nichts zu erkennen. Mein Kameramann und ich sind ner-vös und extrem angespannt. Die Menschenschlepper hatten uns in den vorangegangenen vier Stunden auf einem Hinterhof ge-fangen gehalten. Sie wollten vermeiden, dass wir die Hinter-männer ihrer illegalen Flüchtlingstransporte sehen, die Hierar-chie durchschauen und mit den Flüchtlingen sprechen. Um ihre Macht zu demonstrieren und um sich Polizei und Militär vom

Leib zu halten, standen bewaffnete Männer auf den umliegenden Dächern und scannten hektisch mit ihren Ferngläsern das Gelände ab. Wir waren zu dritt auf dem Hof: mein Kameramann Jan, unser tunesischer Kontaktmann und ich. Unsere Ängste waren in diesem Moment ähnlich groß und doch sehr unterschiedlich. Jan, der viele Jahre zur See gefahren ist, hatte Angst vor dem Zustand des alten Holzschiffs, das niemand von uns vorher zu Gesicht bekam. Unser Kontaktmann Ali hatte Angst, dass man ihn juristisch zur Rechenschaft ziehen würde, sollte uns etwas passieren. Und meine Angst war, dass der Kapitän und seine Schlepper-Crew während der Überfahrt plötzlich ihre Meinung ändern, uns Journalisten mit laufender Kamera als ungewollte Zeugen einstufen und als Konsequenz dann lieber im Mittelmeer entsorgen würden. Das illegale Geschäft mit den Flüchtlingen bringt ihnen zu viel Geld ein, um unvorsichtig zu werden. Allein bei der Fahrt, die ich begleitet habe, reden wir von rund 250000 Euro Gewinn. In eine so rentable Suppe lässt man sich nur ungern spucken.

Bis heute habe ich nicht wirklich verstanden, warum diese Männer ein derart großes Risiko eingegangen sind und uns Fernsehteam an Bord nahmen. Waren es wirklich nur die 1000 Euro Fahrtkosten pro Person, die jeder Reisende auf diesem Schiff auch zahlen musste?! Oder haben sie es als Werbefilm für ihre besondere Dienstleistung betrachtet und wurden deshalb unvorsichtig? Vielleicht gibt es eine völlig andere Erklärung für ihre Entscheidung. Sicher ist nur: Für sie war es der falsche Entschluss, denn der Großteil der Crew wurde nach unserer Ankunft auf Lampedusa in Sizilien verhaftet. Wir konnten sie identifizieren.

Plötzlich kippt die Stimmung. Es ist halb vier am Morgen. Hektisches Geschrei gellt durch die Finsternis. Gedränge kommt auf. Ich muss an einen Viehtransport denken, als ich merke, wie sich die Männer vor und hinter mir anrempeln, wegschubsen, anschreien. Jeder kämpft plötzlich um seinen Platz, der entscheidet, wie früh er an Bord des kleinen Bootes gehen darf, das jetzt vor uns am Ufer anlegt. Es wird uns zum Hauptschiff bringen, das irgendwo da draußen im Schutz der Dunkelheit auf uns wartet.

Jetzt bin ich dran. Ich höre meinen Herzschlag trommelschlagartig durch meinen Kopf jagen. Mein Hintermann schiebt mich ungeduldig vorwärts, drängt mich, endlich das Boot zu besteigen, der Tag naht, die Nerven liegen blank, und alle haben Angst, von der Polizei entdeckt zu werden. Ein letztes Mal drehe ich mich fragend zu meinem Kameramann um:

»Wollen wir das wirklich machen, Jan?!«

Ich blicke in sein Gesicht, das so blass ist wie meins. Wochenlang haben wir auf diesen Augenblick intensiv hingearbeitet, und in den meisten Momenten schien unser Vorhaben aussichtslos. Denn so eine Flüchtlingsfahrt kann man nicht bei TUI buchen. Ich habe den Kontakt zu dubiosen und kriminellen Gestalten gesucht und gefunden. Ich habe mit ihnen verhandelt, literweise Tee mit ihnen getrunken und dabei versucht, sie von mir und meinen lauteren Absichten zu überzeugen.

Jetzt stehen wir zwischen den Flüchtlingen, dürfen mitfahren und haben sogar eine Dreherlaubnis für die Überfahrt, von der niemand weiß, ob sie mit dem alten, vom Meer zerfressenen Schiff überhaupt glücken wird. Zehntausende Flüchtlinge haben auf der vor uns liegenden Route in letzter Zeit ihr Leben verloren. Weil die Schiffe überladen und nicht seetauglich waren und auf halber Strecke mit den Menschen für immer in der Tiefe verschwunden sind. Dieser Moment ist unsere letzte Gelegenheit, das lebensgefährliche Vorhaben abzubrechen.

»Sag was, Jan!«

Nach vielen sehr intensiven und offenen Gesprächen hatten Jan und ich eine Abmachung getroffen, eine Art Reißleine: Wer von uns beiden – egal, zu welchem Zeitpunkt – die Aktion abbrechen will, weil er davon nicht mehr überzeugt ist oder zu viel Zweifel im Magen spürt, der entscheidet in dem Augenblick für beide. Ohne Widerrede.

»*Was meinst du, Jenke?*«, fragt Jan.

Pause.

»*Lass es uns machen!*«

Pause.

»*Ja, lass es uns machen*«, erwidert Jan.

Und so steigen wir gegen vier Uhr mit den ersten Flüchtlingen in das kleine Zubringerboot und fahren hinaus aufs schwarze Meer. Unsere Zuversicht steigt nicht gerade, als wir das Hauptschiff erreichen. Jans Ahnung bewahrheitet sich. Das Holzschiff, das uns nach Lampedusa bringen soll, ist ein alter, ausgedienter Fischkutter und sieht bedrohlich vergammelt aus. Die Ladefläche, auf der früher zappelnde Fische um Luft rangen, füllt sich schnell mit Menschen. Im Gedränge um einen Platz verheddern sich viele in den Fischnetzen, für die wegzuräumen vielleicht keine Zeit mehr war. Viel wahrscheinlicher aber war es der Mühe nicht wert und den Menschenschmugglern einfach nur egal, wie und wo sie uns alle zusammenpferchen.

Doch trotz allem: Aufbruchsstimmung. Die Menschen um uns herum jubeln, als der stotternde Dieselmotor endlich Fahrt aufnimmt. Jan und ich sind erleichtert, denn auch unser größter Wunsch ist, so schnell und reibungslos wie möglich auf der anderen Seite des Meeres anzukommen. Doch die gute Stimmung hält nicht lange an. Je weiter wir uns von der Küste entfernen, desto rauer wird die See und umso mehr Wasser sammelt sich auf dem Hinterdeck. Das notdürftig seetauglich geflickte Schiff kämpft beharrlich gegen sieben Meter hohe Wellen. Es dauert nicht lange, bis die ersten Flüchtlinge seekrank werden und kollabieren. Erwachsene, kräftige Männer hocken tapfer zwischen ihrem Erbrochenen und weinen doch vor Angst. Ich konzentriere mich fest auf den Horizont und versuche, meine zappelnden Gedanken zu beruhigen. Aber auch mir ist übel. Ich bin froh, einen Platz im hinteren Teil des Bootes erwischt zu haben, als ich beobachte, wie die Menschen vorne auf der Schiffsspitze mit den Wellen tanzen. Sie übergeben sich immer dann, wenn das wackelige Boot in ein Wellental stürzt.

Die Schlepper-Crew wird mit zunehmend schlechterem Wetter zunehmend schlechter gelaunt und schmeißt von der Brücke aus mit Glasflaschen und großen Holzstücken in die Menschenmenge, sobald sich jemand aus dem Pulk lösen will. Die Fahrt entwickelt sich schon nach kurzer Zeit zum Horrortrip, zum Jubeln ist längst niemandem mehr zumute. Und als nur eine Stunde später der Dieselmotor verstummt, verstummten auch alle 244 Mann an Bord.

Was ist passiert? Ein Maschinenschaden? Hat uns die Polizei oder das Militär entdeckt? Oder hat der Kapitän entschieden, den Kampf gegen das wütende Meer doch nicht aufzunehmen? Wir schaukeln ahnungslos in Sichtweite der tunesischen und libyschen Küste. Viele nicht enden wollende Stunden lang. Als sich plötzlich ein Boot von der Küste aus nähert, beladen mit einem großen Menschenklumpen. Weitere etwa einhundert Flüchtlinge drängen aufs Deck. Mit 344 Passagieren und acht Mann Besatzung ist unser Schiff nun auch noch völlig überladen. Die Ersten verlieren die Nerven, den Mut und den Glauben, dass alles gutgehen wird, und flehen die Besatzung an, unser Schiff verlassen zu dürfen.

Andere stürzen sich einfach kopfüber in das kleine Boot, das gerade die letzten Flüchtlinge gebracht hat. Ihre Angst hat sie in die Knie gezwungen. Auch Jan und ich beraten uns. Sollen wir aussteigen, jetzt, wo wir die letzte Möglichkeit dazu haben? Die ängstliche und verzweifelte Stimmung ist auch auf uns übergeschwappt. Wir haben nicht viel Zeit für eine Entscheidung, denn jeden Moment wird das Beiboot wieder ablegen. Doch wir beschließen einstimmig, die Reise fortzusetzen, so wie die meisten Flüchtlinge auch.

Nachdem unser Schiff wieder an Fahrt aufnimmt, keimt auch die Hoffnung wieder auf und das sichere Gefühl: Alles wird gut. Stundenlang knattern wir dem Horizont entgegen, und der Kapitän hat große Mühe, das Boot auf Kurs zu halten. Mit seinem schwarzen langen Wachsmantel und der Mütze auf dem Kopf sieht er aus wie der Fliegende Holländer, jener Kapitän, der dazu verdammt worden ist, bis zum Jüngsten Tag mit seinem Gespensterschiff auf dem Meer umherzuirren.

Die Nacht bricht an, und die Ersten suchen sich einen Schlafplatz zwischen all dem Wasser und dem Erbrochenen. Ich habe mich seit Stunden nicht von der Stelle gerührt, weil es dafür einfach zu eng ist, und so kauere ich zwischen den Männern und komme mit ihnen ins Gespräch. Sie erzählen mir von ihrem geliebten Land, das vor ihren Augen untergeht, und haben dabei Tränen in den Augen. Es war ihnen nicht mehr möglich, ihre Familie zu ernähren und ihren Kindern eine Zukunft zu bieten. Sie fühlen sich als Versager, obwohl sie zum Teil gut ausgebildet sind und sogar studiert haben. Als es dann nicht einmal mehr die einfachsten Jobs für sie gab, fassten sie den Entschluss, ihr Glück woanders zu suchen. Sie liehen sich die Fahrtkosten im großen Verwandtenkreis, packten in ihre Plastiktüte eine Garnitur Wechselwäsche und die Fotos der geliebten Menschen zu Hause und setzten alles auf eine Karte.

Ob sie denn davon überzeugt seien, dass in Europa für sie alles besser werden wird? Ob sie sich sicher sein können, dass man sie überhaupt reinlassen würde, frage ich sie, ohne ihre Zweifel nähren zu wollen.

»Es kann nur besser werden! Egal, was kommt!«, antworten sie wie aus einem Mund.

Die Nacht ist kalt. Bitterkalt. Nie zuvor in meinem Leben habe ich so gefroren. Meine Zähne klappern im Takt des Dieselmotor und ich habe Schüttelfrost. Den Männern um mich herum geht es ähnlich, und wir rücken näher zusammen. Wie

Verbündete. Wir teilen uns sogar die alte, stinkige Wolldecke, die wir an Deck gefunden haben, und finden aneinandergekuschelt für wenige Stunden Schlaf. Ich sehne den Morgen herbei und hoffe auf ein paar wärmende Sonnenstrahlen. Das Meer hat sich zwischenzeitlich etwas beruhigt, und unsere Mägen haben mit dem Wellengang Frieden geschlossen. Es ist etwa fünf Uhr, als die Nacht verschwindet und sich der neue Tag präsentiert. Noch freue ich mich über die wärmenden Strahlen; nicht ahnend, dass mir die Sonne im Laufe des Tages entsetzlich das Gesicht verbrennen wird.

Jeder an Bord zählt die Zeit herunter und hält ungeduldig Ausschau nach der italienischen Küste, doch die ist noch eine weitere extrem kalte Nacht entfernt. Die Männer erzählen mir von Freunden und Verwandten in Frankreich, bei denen sie erst einmal unterkommen können, um von dort aus ein neues Leben zu starten. All diese Männer haben vor ihnen die Fahrt über das Meer gewagt und ihnen den nötigen Mut für diese Reise ins Ungewisse gegeben. Es sind vertraute Menschen, die ihnen bewiesen haben, dass es geht.

Und es ging auch diesmal. Nach 45 Stunden erreichen wir gegen drei Uhr nachts den Hafen von Lampedusa, eskortiert wurden wir von der italienischen Küstenwache, die uns eine Stunde zuvor auf dem Meer abgefangen hatte. Die gesamte Crew hatte sich daraufhin unter die Flüchtlinge gemischt, um nicht identifiziert werden zu können. Überglücklich und mit wackeligen Beinen verlassen wir das Schiff unter dem Jubelgeschrei der Männer. Sie sind fest davon überzeugt, dass in diesem Moment für sie ein neues Leben beginnt. Ein Leben mit Zukunft und der Möglichkeit, die Daheimgebliebenen in Kürze finanziell unterstützen zu können. Die meisten von ihnen hatten Glück, denn der damalige italienische Ministerpräsident Berlusconi hatte ihnen versprochen, sie nicht wieder zurück in ihre Heimat zu schicken. Man werde sich um sie kümmern und ihnen die Weiterreise in andere europäische Länder ermöglichen.

Wer wagt, gewinnt! Auch, wenn es in diesem Fall lebensgefährlich war, ist der Traum dieser Männer in Erfüllung gegangen. Monate später erreichte mich eine E-Mail, geschrieben von einem der Männer, mit denen ich während der Überfahrt zusammengekauert die vielen Stunden verbracht habe:

»Mir geht es gut, Jenke. Ich bin in Frankreich angekommen und habe Arbeit gefunden. Ich bin der glücklichste Mensch!«

Liebe
lieber ewiglich

»Liebe ist Glut, Hass ist
Kälte. Sehnsucht und Angst
sind Feuer und Eis. Die ganze
Welt der Gefühle liegt
dazwischen.«

Oswald Spengler

Ich bin Romantiker und glaube an die ewige Liebe. Aber die gibt's nicht geschenkt, man muss sie sich verdienen. Unter anderem durch Offenheit und Ehrlichkeit, vor allem auch sich selbst gegenüber. Ich hatte nicht viele Beziehungen in den zurückliegenden Jahren, was auch an meinen hohen Ansprüchen liegt. Aber die wenigen Partnerschaften, die ich hatte, waren intensiv und dauerten lange, aber irgendwann kamen sie doch zu einem Ende. Ich wehre mich immer dagegen, von gescheitert zu sprechen, denn das macht rückblickend alles kaputt, verleiht der gelebten Zeit den Geschmack von Verschwendung.

Bei mir war das nie so. Meine Beziehungen waren nicht gescheitert, sie hatten nur eine unterschiedliche Lebensdauer. Natürlich hatte ich die oft überschritten, denn obwohl ich längst wusste, dass die Zeit vorbei ist, klammerte ich mich an die schönen Erinnerungen, an die vertraute Gewohnheit und hörte den deutlichen Stimmen im Kopf einfach nicht zu.

Warum eigentlich nicht? Wohl aus Angst, auch noch das zu verlieren, was von der Liebe übrig geblieben war: die Freundschaft. Denn dass man sich die nach einer Trennung erst einmal für lange Zeit abschminken kann, liegt wohl auf der Hand. Einer von beiden ist immer gekränkt und will mit dem anderen vorerst nichts mehr zu tun haben. Doch das regelt sich mit der Zeit. Ein bekannter Psychologe hat mir in diesem Zusammenhang eine Formel an die Hand gegeben. Etwa die Hälfte der Beziehungsdauer geht für die Verarbeitung drauf. Ich kann das – mit einer Ausnahme – bestätigen.

Meine längste Beziehung währte 15 Jahre, und es dauerte nur etwa drei Jahre, bis wir zu Freunden wurden. Bei allen folgenden Beziehungen haute das schon hin mit der Verarbeitungszeit, die die Hälfte der gemeinsamen Zeit ausmachen soll.

Bei mir gab es genaugenommen immer nur zwei Gründe, mich aus einer Beziehung zu lösen. Zu merken, nicht die Richtige gefunden zu haben, oder die Erkenntnis, dass aus Liebe Gewohnheit wurde, was im Endeffekt wohl dasselbe ist. Na klar dauert es eine Weile, die Veränderung zu erkennen, und nicht jede Paarflaute bedeutet sofort das Ende. Aber ab einem bestimmten Zeitpunkt spürt man einfach, dass die Liebe ihre Bedeutung verändert hat. Sie verschwindet nicht spurlos auf Nimmerwiedersehen, sondern verwandelt sich – im Idealfall – in eine neue Form der Liebe, die sich ebenso kostbar und wohltuend anfühlt und die ein großes Geschenk ist: Freundschaft. Aber diese Freundschaft ist keine Liebesbeziehung mehr. Es scheint viele Paare zu geben, denen das nichts ausmacht oder nicht genügend ausmacht, um es zu verändern. Ich gehöre nicht dazu. Ich will Liebe. Liebe geben und Liebe empfangen von der Frau an meiner Seite. Ich empfinde keine Befriedigung in einer Bruder-Schwester-Paarbeziehung. Hand aufs Herz! Wie oft sehnen Sie sich nach Liebe, nach einer Liebesbeziehung, obwohl Sie gerade in einer Beziehung leben? Wie oft ertappen Sie sich dabei, sich gedanklich auf die Suche nach dem Ideal zu machen? Und wie ehrlich sind Sie zu sich selbst? Wahrscheinlich wissen Sie mehr über sich, als Sie zulassen, und reden sich Ihren Beziehungszustand mit allerhand nachvollziehbaren praktischen Argumenten schön.

Solange Sie damit gut leben können, ist doch alles fein. Sobald Sie aber die Sehnsucht nach sehr viel mehr spüren, sollten Sie sich ernsthaft Gedanken machen und sich fragen, was genau

Sie davon abhält zu lieben und sich ebenso geliebt zu fühlen. Meist ist es doch die anerzogene Scheu vor Veränderungen. Das Vertraute ist so schön bequem und fühlt sich ja auch gut an. Da weiß man wenigstens, was man hat oder auch nicht hat. Aber reicht Ihnen das wirklich?

Der Preis für eine von Liebe erfüllte Beziehung ist verdammt hoch und für eine solche Bindung zu kämpfen, tut oft sehr weh. Aber auf Dauer viel subtil schmerzhafter ist ein Kompromiss. Und ich wundere mich so oft, wie viele Paare ihn leben können. Wie machen die das? Und warum machen die das?

Es kann mir doch niemand erzählen, dass sie mit diesem Umstand glücklich sind und nichts Wesentliches vermissen. Wahrscheinlich sind sie nur froh, nicht allein sein zu müssen. Denn das hält ja heutzutage kaum noch jemand aus.

Eine Ex-Freundin von mir zum Beispiel wollte und konnte nicht alleine sein. Nach jedem Beziehungsende stürzte sie sich umgehend in eine neue Partnerschaft, teilweise gingen die Beziehungen sogar ineinander über. Nur weil sie es offenbar nicht aushielt, nur mit sich zu sein und auf den Richtigen zu warten. Dabei lohnt sich das so sehr. Das ist mir schon früher regelmäßig bewusst geworden, als ich gesehen habe, wie schnell meine Freunde eine Bindung eingegangen sind, mit Frauen, in die sie noch nicht mal verliebt waren. Und andersherum natürlich auch.

Ich kann mich nicht davon freisprechen, eine Beziehung länger aufrechterhalten zu haben, als es für beide Seiten gut war, aber ich kann mich an keine persönliche Beziehung erinnern, bei der nicht wenigstens Verliebtheit im Spiel war.

In den letzten Jahren habe ich zu viele Ratgeber und Sachbücher zu diesem Thema gelesen, um nicht zu wissen, dass dieses Verhalten immer auf mangelnde Selbstliebe zurückzuführen ist. Wir lieben uns einfach nicht mehr. Wir mögen uns, vielleicht, finden auch den ein oder anderen Wesenszug, die ein oder andere Eigenschaft an uns gut, aber lieben können wir uns nicht!

Auch auf die Gefahr hin, dass die Erklärung dafür zu einfach scheint; verschiedene Psychologen vertreten die Theorie, dass unsere Eltern einen Großteil der Schuld dafür tragen. Denn unsere Eltern sind auch nur Menschen, und oft geben sie das an uns weiter, was sie selbst erfahren haben. Sie vermitteln die Werte, die Moral, das Selbstwertgefühl und leider sehr oft auch die unangenehmen Erfahrungen, die sie erfahren haben. Wenn unsere Eltern selbst unter mangelndem Urvertrauen gelitten haben, dann ist von ihnen nicht unbedingt zu erwarten, dass sie es ausgerechnet an uns weiterreichen können. Das macht unsere Eltern nicht zu lieblosen Rabeneltern. Sie geben nur weiter, was sie selbst empfangen oder auch nicht ausreichend empfangen haben. Auch wenn dieses Wissen unseren Gefühlszustand nicht einfacher macht, müssen wir lernen, diese Tatsache zu akzeptieren. Und wir müssen lernen, uns und unserer inneren Stimme mehr Vertrauen zu schenken, und uns selbst zu lieben. Aufrichtig zu lieben. Das hat mit Selbstüberschätzung und verzerrter Wahrnehmung nichts zu tun.

Fangen wir doch mal ganz vorne an. Wenn wir zum ersten Mal bewusst das Verhalten unserer Eltern auf unser Verhalten wahrnehmen, hängt unser seelisches und körperliches Überleben einzig und allein von unseren Eltern ab. Wir wissen noch nichts, können noch nichts und freuen uns über die kleinste Zuwendung. Ebenso empfindsam reagieren wir auf Kritik, Gefühlskälte und Ablehnung. Kinder sind schlau und merken sehr schnell, wie sie sich verhalten müssen, um angenommen und geliebt zu werden. Sie biegen sich gefühlshungrig in Richtung ihrer Eltern wie eine Sonnenblume auf der Jagd nach Sonnenstrahlen. Und dieses Biegen wird schnell zum Verbiegen, wenn sich Kinder den Eltern zuliebe anders verhalten, als es ihrem eigenen Bedürfnis entspricht. Eltern wissen das oder spüren es zumindest, und schnell wird ihnen bewusst, was für eine Macht sie haben.

Das unterscheidet wohl gute von schlechten Eltern. Jene, die ihre Liebe nicht an Bedingungen knüpfen von denen, die Liebesentzug als Erziehungsmethode einsetzen und in Momenten der eigenen Ratlosigkeit und Überforderung ihre Überlegenheit ausspielen. Sie machen sich unseren Hunger nach Liebe und Zuwendung zunutze und deren Befriedigung von unserem Verhalten abhängig. Machst du, was ich möchte, verhältst du dich so, wie ich es für richtig halte, dann habe ich dich lieb. Wenn nicht, dann lasse ich dich das spüren. Kein Wunder also, dass wir uns schnell infrage stellen und unseren eigenen Instinkten und Bedürfnissen plötzlich misstrauen. Diese Erfahrungen schleppen wir dann unter Umständen für den Rest unseres Lebens mit uns herum.

Ich bin nur liebenswert, wenn ich mich so verhalte, wie mein Gegenüber es von mir verlangt. Dieser Irrglaube sitzt bei vielen unverrückbar fest, auch noch im Erwachsenenalter. Und bei so manchem Paar entsteht dadurch der Eindruck, es handle sich auch hier nicht um eine gleichwertige Partnerschaft, sondern weiterhin um eine Eltern-Kind-Beziehung. Das nagt am Selbstwertgefühl solange, wie man glaubt, so wie man ist, nicht zu genügen. Solche geschwächten Menschen beziehen ihr Glück und ihre Zufriedenheit dann ausschließlich über die Bestätigung, die sie vom Partner bekommen. Das kann nicht gut gehen. Das sind beispielsweise häufig Frauen, die starke, oft auch viel ältere Männer besonders anziehend finden.

Es ist ein Wechselspiel, denn diese Erfahrungen aus der Kindheit haben wohl die meisten von uns gemacht. Und so übertragen wir die Verantwortung für unser Selbstwertgefühl lieber auf andere, anstatt sie selbst zu übernehmen. Das funktioniert nicht ohne immer wiederkehrenden Schmerz, ohne Enttäuschung und zunehmende Selbstzweifel. Wir müssen lernen, uns zu lieben. Das ist alternativlos. Aber wie stellen wir das an?

Wir sollten uns wieder unseres Wertes bewusst werden. Ich mache mir zu diesem Zwecke von Zeit zu Zeit eine Liste, auf der ich notiere, was mir an mir gefällt, auf was ich stolz bin, welche Komplimente ich von mir wichtigen Menschen bekomme und was ich alles erreicht habe – privat und beruflich. Dann stelle ich mich vor einen Spiegel und schaue mich intensiv an. Allein das machen die wenigsten von uns. Klar, kennen wir unser Gesicht vom täglichen Waschen und Eincremen, aber wer schaut sich schon selbst einmal über längere Zeit in die Augen? Und lächelt dann auch noch dabei? In einem sehr interessanten Ratgeber zu diesem Thema wurde mir nahegelegt, nicht nur täglich länger ins eigene Gesicht zu schauen, sondern dabei auch noch eine Liebesbekundung an sich selbst zu richten. Nur einen Satz: Jenke, ich mag dich! Also, sie sollten dann natürlich nicht »Jenke« sagen, obwohl mich das natürlich auch freuen würde ☺, sondern ihren eigenen Namen. Logisch, oder?!

Am Anfang fiel mir das sehr schwer, und ich sah im Spiegel, wie ich meinem eigenen Blick auswich. Das fand ich erschreckend. Denn es stand doch niemand neben mir. Es waren nur mein Spiegelbild und ich, die offensichtlich nicht ohne Hemmungen miteinander kommunizieren konnten. Bewusst und unbewusst stellte ich Vergleiche mit anderen Männern an. Der hat das, was ich nicht habe, und jener etwas anderes, was ich gerne hätte. Was sollen die Falten da? Warum sind meine Augen nicht größer? Was ist mit meinem Mund, meiner Nase … da kann man sich herrlich hineinsteigern. Immer vergleichen wir uns mit anderen, die wir attraktiver finden oder die Merkmale haben, die wir leider nicht aufweisen. Das erhöht den Druck auf uns selbst und reduziert unser Selbstwertgefühl zusätzlich. Was für ein Horror-Trip!

Ich habe mich fest entschlossen, daran zu arbeiten, die ewigen Vergleiche wegzulassen und mich lieb zu haben. So wie ich bin. Das ist nicht leicht, mal klappt das sehr gut, mal fange ich auch wieder an zu zweifeln. Es bleibt ein dauerhafter Prozess, der mir aber mehr nützt, als dass er mir schadet.

»Unser Selbstwertgefühl hängt zu 100 Prozent davon ab, wie wir über uns denken. Denken wir schlecht von uns, kritisieren uns und machen uns klein, dann fühlen wir uns auch klein und minderwertig.«

(Dr. Rolf Merkle, Psychotherapeut)

Wir haben ein Idealbild von uns selbst, das nach wie vor sehr stark von den Maßstäben abhängig ist, die unsere Eltern damals an uns stellten. Und wir sind im Laufe der vielen Jahre noch kritischer mit uns geworden, als unsere Eltern es wohl je waren. All die Zweifel und Unsicherheiten haben sich potenziert, und deswegen lässt sich unser Selbstwertgefühl auch nicht spontan wieder aufbauen. Das braucht leider Zeit, aber es ist die Mühe wert, denn wir tun es für uns, für unsere Unabhängigkeit von dem Lob und der Bestätigung anderer Menschen.

Denken wir also endlich gut und liebevoll über uns, anstatt uns ständig selbst zu demontieren. Das hat auch noch einen weiteren sehr positiven Effekt: Wir gewinnen an Ausstrahlung und werden schöner. Und setzen damit einen Prozess in Gang, der uns weiter aufbaut. Er wird zum Wechselspiel. Strahle ich Überzeugung, Zufriedenheit, Leichtigkeit und positive Gedanken aus, nehmen mich die anderen anders wahr und es ergeben sich neue Bekanntschaften mit Menschen, die mich vorher wegen meiner negativen Ausstrahlung nicht auf dem Schirm hatten. Wir können also nur gewinnen.

Was ich Ihnen an dieser Stelle empfehle, ist: positives Denken üben! Im Netz finden sich unglaublich viele Anregungen und Vorschläge, wie man das machen kann. Unter »Affirmationen« und »Autosuggestion« werden Sie leicht fündig. Suchen Sie sich die Sätze und Übungen heraus, die für Sie gültig sind, machen Sie sich eine Liste mit all Ihren positiven Seiten und den

Dingen, die Sie im Leben bereits erreicht haben. Konzentrieren Sie sich ausschließlich auf das Positive in und an sich. Sie werden schnell merken, es überwiegt und gibt Ihnen die Kraft zu verändern und zu optimieren, was immer Sie mögen! Und je regelmäßiger Sie Ihr Unterbewusstsein wissen lassen, was für ein großartiger, positiver und einzigartiger Mensch Sie sind, umso schneller wird es das Unterbewusstsein glauben und Ihre weiteren Gedanken angenehm beeinflussen. Denn das Unbewusste in uns hinterfragt nicht, es ist für den Verstand unerreichbar und reagiert nur auf das, was man ihm eintrichtert. Wenn sie ihm nur lange und oft genug etwas sagen, wird das Unbewusste es als gegeben hinnehmen und alle weiteren Gedanken daraufhin umpolen. Auf diese Art können Sie alte Denkmuster und Verhaltensweisen erfolgreich verändern.

Verpasste Lebenszeit

»Tue das, wovor du
Angst hast, und der Tod
deiner Angst ist sicher.«

Ralph Waldo Emerson

Legen Sie jetzt gedanklich bitte nicht auf. Die Geschichte, die ich Ihnen erzähle, ist sehr außergewöhnlich, und die erste Reaktion eines jeden ist Ablehnung gepaart mit völligem Unverständnis.

Bereits im Alter von nur fünf Jahren war Jonas irritiert von seinem linken Bein. Er mochte es nicht, und er wollte es nicht, denn es fühlte sich für ihn fremd an, irgendwie anders als sein rechtes Bein, mit dem alles normal war. Jonas war noch viel zu jung, um zu wissen, wo genau sein Problem lag. Er wusste nur, dass es da eine unsichtbare Linie oberhalb seines Knies gab, an der die Akzeptanz für sein Bein endete.

Heute, vierzig Jahre später, sitzt er vor mir und fährt mit dem Finger millimetergenau über diese Linie. In all den Jahren hat sich sein sehnlichster Wunsch, den unteren Teil seines Beines loszuwerden, nicht erfüllt. In all den Jahren hat er weder mit seinen Eltern noch mit Freunden darüber gesprochen. Aus Angst vor Ablehnung. Und diese Angst schien begründet, denn selbst seine beiden erwachsenen Kinder hatten sich bereits nach den ersten vorsichtigen Andeutungen von ihm abgewandt. So blieb ihm aus seiner Sicht nichts anderes übrig, als sich allein mit seinem Problem auseinanderzusetzen. Doch das gelang ihm nicht. Er fing an zu trinken und führte fortan ein Doppelleben. Tagsüber ging er seiner Arbeit nach, und am Abend schnürte er sich sein linkes Bein hoch. Er knickte es nach hinten, band einen Gürtel um Oberschenkel und Ferse, sodass er im Spiegel nur noch seinen Oberschenkel sah, zog sich seine Jogginghose mit dem durch einen Knoten verkürzten Hosenbein an und fühlte sich endlich amputiert. Er spürte, wie eine kiloschwere Psycholast von ihm abfiel. Nur wenn er auf einem Bein durch seine Wohnung hopste oder wie ein Versehrter auf Krücken ging, fühlte er sich komplett und befreit. Diese allabendliche Prozedur wurde zu seinem Ventil, und wenn etwas Unvorhergesehenes dazwischenkam, das ihm die Möglichkeit nahm, sich durch dieses Ventil Erleichterung zu verschaffen, wurde er nervös, unruhig und ungehalten, und es brach ihm der kalte Schweiß aus wie bei einem Süchtigen, dem man die Droge wegnimmt.

Jonas war zu schwach, sich einem Psychologen anzuvertrauen, er lehnte sich und seinen Wunsch nach einer Amputation ja selbst ab. Wie also sollte er mit einem anderen Menschen über diese Krankheit reden können? Und ich denke, dass es eine Krankheit ist, auch wenn es als solche noch nicht anerkannt ist. Immerhin haben Mediziner einen Namen für diese »Störung im Hirn« gefunden: BIID, Body Integrity Identity Disorder, Körperintegritätsidentitätsstörung.

Neurologen haben nach Hirn-Scans festgestellt, dass es sichtbare Veränderungen in der Großhirnrinde und in anderen Hirnbereichen gibt, die für die Steuerung und das Empfinden der Extremitäten verantwortlich sind. Es handelt sich also offensichtlich nicht um eine Spinnerei oder etwas, das sich diese Menschen, die darunter leiden, einfach nur einreden. Und dennoch nimmt man sie noch nicht ernst genug, und Hilfe bietet man ihnen auch nicht an. Mal abgesehen von einer psychiatrischen und verhaltenstherapeutischen Unterstützung und diversen stimmungsaufhellenden Medikamenten. »Das alles hilft uns aber überhaupt nicht!«, sagte mir ein anderer BIID-Patient, den ich in Australien zum Interview traf. Er hatte sich nach jahrelangen seelischen Qualen sein linkes Bein mit Trockeneis derart schwer verletzt, dass es amputiert werden musste. Und auch er spürte diese exakte Linie oberhalb des Knies, ab der er sein Bein nicht wollte, weil es wie ein störender Fremdkörper für ihn war.

Ich sehe Jonas seinen Gefühlszustand an. Er sieht verzweifelt aus. Die Haut ist fahl, die Augenringe sind zu dunkel; sein Körper hat der jahrelangen seelischen Last nachgegeben und eine devote Haltung angenommen. Dieser Mann ist ohne jedes Selbstwertgefühl. Immer wieder geht er in Gedanken alle Möglichkeiten durch, sein Bein loszuwerden. Manchmal steht er stundenlang an Bahnschienen und malt sich aus, wo genau er sich auf der Schiene platzieren müsste, damit der Zug sein Bein an dieser exakten Linie abtrennt. Nicht darüber und nicht darunter. Denn sollte das der Fall sein, weiß er, würde sein Leiden kein Ende finden. Es muss genau an dieser Linie abgetrennt werden, das ist für alle BIID-Patienten überlebenswichtig.

Immer wieder verlässt Jonas mit gesenktem Haupt die Bahnschienen, weil es ihm zu unsicher erscheint und weil er keine anderen Menschen ins Unglück stürzen möchte. Er hat diverse Möglichkeiten durchgespielt, sich eine Pistole gekauft, über Selbstverstümmelung nachgedacht, sich über gefährliche Bakterienstämme informiert. Immer wieder durchforstet er Internetforen und tauscht sich dort mit anderen BIID-Patienten aus. Dort werden auch Adressen von Ärzten in Asien weitergereicht, die gegen eine hohe Summe gesunde Beine wunschgemäß amputieren.

»Wenn ich das Geld hätte, würde ich sofort dort hinreisen und es machen«, gesteht mir Jonas.

»Was würde es kosten, Ihr gesundes Bein oberhalb des Knies amputieren zu lassen?«, will ich von ihm wissen.

»Mit der kompletten Nachversorgung und einer Prothese ungefähr 80 000 bis 100 000 Euro. Wenn alles gut geht. Wenn Komplikationen auftreten, kann es teurer werden.«

Und weil er so viel Geld nicht hat und in absehbarer Zeit auch nicht haben wird, treibt sich Jonas zusätzlich noch in anderen Internetforen herum. Dort inserieren Frauen, denen nach einer Krankheit oder einem Unfall Gliedmaße amputiert wurden, auf der Suche nach einem Partner. So hatte er seine jetzige Freundin kennengelernt, der nach einem schweren Autounfall das linke Bein amputiert wurde. Die beiden sind seit fünf Jahren ein Paar. Aber Jonas' Probleme sind dadurch nicht weniger geworden. Immerhin redet er jetzt mit einem Menschen über sein Problem, aber das nur in kleinen Auszügen. Vieles hält er zurück, lässt es unerwähnt, und obwohl ihn seine Freundin immer wieder ermutigt, sein Bedürfnis frei auszuleben, sich mit hochgeschnürtem Bein in ihren Rollstuhl zu setzen, ihre Krücken zu benutzen, sich einfach so zu geben, wie er es tief in seinem Inneren möchte, traut er sich nicht und wartet damit lieber, bis sie das Haus verlassen hat. Eine große, dunkle Wolke schwebt über der Beziehung der beiden, und sie wird immer bedrohlicher. Seine letzte Ehe ist bereits an seinem Verhalten zerbrochen, und für seine aktuelle Beziehung sieht es auch nicht gut aus. Jonas droht alles zu verlieren, was ihm geblieben ist, weil er sich selbst nicht annehmen und akzeptieren kann, wie er ist.

Er selbst lehnt sich ab, versteckt sich und verstellt sich aus Angst vor der Reaktion der Menschen um ihn herum. Seit vierzig Jahren!

»*Verpasste Lebenszeit!*«, flüstert er von sich selbst enttäuscht. Er hat Tränen in den Augen. Seine Freundin, die neben ihm im Rollstuhl sitzt, auch.

Was rät man einem solchen Menschen? Geh und verstümmle dir dein Bein? Nimm einen Kredit auf und reise zu den obskuren Ärzten nach Asien? Mir ist nichts Besseres eingefallen, als ihn zu ermuntern, sein Bedürfnis auszuleben. Sich das Bein hochzuschnüren, wann immer er es will, und sich in der Öffentlichkeit so zu zeigen. Sich freizumachen von der Reaktion der Menschen, denen man es doch eh nie recht machen kann und auch gar nicht soll.

Die Begegnung mit Jonas hat mich sehr berührt und nachdenklich gemacht. Und nach einer anfänglichen Ablehnung konnte ich mich auf sein Problem einlassen. Ich will es nicht bewerten, und ich will es nicht abtun. Ich wünsche ihm, dass er für sich eine Entscheidung findet, mit der er leben kann. Besser leben kann als in den letzten vierzig Jahren.

Mir hat sein Schicksal wieder einmal vor Augen geführt, wie wichtig und unerlässlich es ist, sich seinen Ängsten und Befürchtungen zu stellen, wenn man ein glückliches und erfülltes Leben führen möchte. Zum Glück sind die Hürden nicht immer so gewaltig wie bei Jonas. Und vielleicht kann uns seine Geschichte genau dadurch behilflich sein, indem sie unsere Probleme relativiert.

Also, DANKE, Jonas!

Was hinter der Angst steckt

»Angst ist das Leck in der Nervenbatterie. Angst zerfrisst unsere Kraft, unsere Energie und unseren Willen.«

Nikolaus B. Enkelmann

Dass das Gefühl der Angst überhaupt entsteht, ist genetisch festgelegt. US-Forscher der Rutgers University in Piscataway, New Jersey, fanden das Gen Stathmin, welches angeborene als auch erlernte Angst steuert. Zusammengefasst ergaben die Studienergebnisse, die das Team um Gleb Shumyatsky 2005 im Fachjournal *Cell* veröffentlichte, dass Mäuse, denen dieses Gen fehlte, in den Untersuchungen regelrechte Draufgänger waren.

Bei der Angstentstehung im Körper spielen unterschiedliche Gehirnbereiche eine Rolle. Das emotionale Zentrum des Gehirns, die sogenannte Amygdala, scheint aber nach dem bisherigen Erkenntnisstand der Knotenpunkt bei der Angstentstehung zu sein. Ein angsterzeugender Reiz wird in der Amygdala verarbeitet und setzt eine Kaskade in Gang, die über Hormonausschüttungen wie unter anderem Adrenalin, Cortisol und Dopamin zu den angstprägenden Körperreaktionen und dem nach überstandener Angst anschließenden Wohlgefühl führt.

Herzrasen, steigender Blutdruck, flache beschleunigte Atmung, Schweißausbruch und Pupillenverengung sind einige davon. Manch einer macht sich sogar tatsächlich vor Angst in die Hosen. Die Angst steht einem meist auch ins Gesicht geschrieben, was sich durch extreme Blässe oder Rötung bemerkbar machen kann. In Angst und Schrecken versetzt, hat man weit aufgerissene Augen und unwillkürliche Kieferbewegungen, die mitunter sogar die Zähne klappern lassen. Man zittert wie

Auf Gitos Baumhausdach

Badewannengespräche

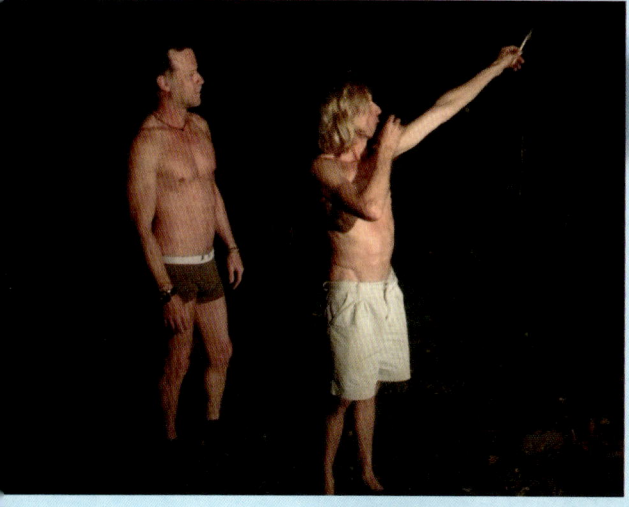

Kontaktaufnahme mit den Erdgeistern

Gitos Nachbar

Meditation mit Gito

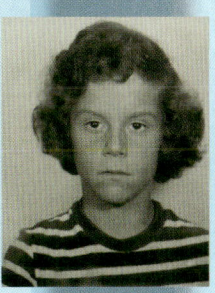

So viel Angst als Kind

Ich als kleiner Junge

Die letzten
erhältlichen Boote

Recherchegespräche mit den
Fischern

Ein Boot voller Flüchtlinge

Zerschelltes Boot

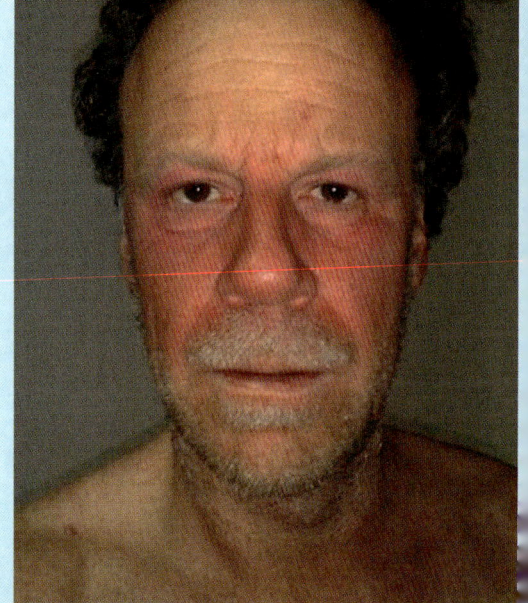

342 Flüchtlinge, ein Kameramann und ein Reporter

Schwer verbrannt und völlig erschöpft nach der Überfahrt

Nach 48 Stunden Überfahrt und
zwei Stunden Polizeiverhör.

Jonas mit Frau und Hund

Kurz vor der Rückführung

Espenlaub, denn die Muskeln befinden sich in erhöhter An-spannung, um schnell reagieren zu können. Die Enge, die im Brustkorb verspürt wird, und das Gefühl, es werde einem die Kehle zugeschnürt, finden sich auch in der Herkunft des Wortes »Angst« wieder. »Angustus« bedeutet im Lateinischen »eng« und »angere« bedeutet »zuschnüren«.

Wie viele Leben haben Sie denn?

»Hab keine Angst,
dass das Leben einmal
zu Ende geht. Hab eher
Angst, dass es nie richtig
anfängt.«

John Henry
Kardinal Newman

Ja, ich denke da so wie Sie. Ich bin skeptisch. Sehr skeptisch sogar. Ich soll schon mal gelebt haben? Wie soll das funktionieren!

Rückführung heißt das Zauberwort oder besser noch: die Dienstleistung. Was die Menschen, meist Frauen, die diesen Job ausüben, qualifiziert, ist mir nicht ganz klar. Ein Medium seien sie, gesegnet mit einer ganz besonderen Begabung. Das war's. Der Rest sei Glauben.

Und weil ich immer erst einmal versuche, offen allem gegenüber zu sein, lasse ich mich auf dieses Experiment ein und begebe mich auf die Reise zu meinem eventuellen früheren Leben. Oder gleich zu mehreren, denn auch mein früheres Leben soll nicht das einzige gewesen sein, sondern nur eines von vielen. Puh!

Bei diesem Thema tauchen Bilder von weinenden Menschen vor meinem inneren Auge auf, die sich auf der Therapeuten-Liege winden, weil sie sich plötzlich im Mittelalter wiederfinden, als unglückliche, ausgebeutete Magd oder einsames Burgfräulein, dessen Burgherr auf einem Feldzug verstorben ist. Hin und wieder sprechen diese Rückgeführten plötzlich eine Sprache, die sie eigentlich nicht beherrschen, und erinnern sich an Orte, an denen sie vorher angeblich nie gewesen waren. Und da soll man nicht zweifeln?

Auch ich ruhe jetzt auf der Therapeuten-Liege, die Augen mit einer Binde verdunkelt, den Körper von einer Wolldecke gewärmt und lasse mich in Trance versetzen. In diesem Zustand ist man immer noch Herr seiner Sinne, bekommt alles um sich herum mit, kann klar denken und bleibt aktiv. Das überrascht mich, denn ich dachte bislang immer, man sei in Trance völlig entrückt, fremdbestimmt und außerstande, noch reflektiert zu denken. Die Dame, die neben mir sitzt, nennt sich Rückführungsbegleiterin, und ihre Stimme ist erwartungsgemäß ruhig und bestimmt. Sie gibt mir Bilder vor, auf die ich mich konzentrieren soll. Ein Schutzengel stünde irgendwo um mich herum, ein zauberhaftes Wesen. Ob ich ihn entdecken könne? Ganz wichtig sei, nicht auf den Verstand zu hören, ganz spontan zu antworten und alle Bilder, so ungewöhnlich sie auch sein mögen, ungefiltert zuzulassen.

Na gut. Ja, da steht jemand. Sieht aus wie eine Putte, eines dieser kleinen dicken Engelchen, die ich aus Kirchen und Souvenirläden kenne. Das ist ein bisschen zu viel Klischee jetzt, oder! Nicht denken, Jenke. Nicht denken.

Der kleine pummelige Engel nimmt mich an der Hand und fliegt mit mir in den Sternenhimmel, immer tiefer hinein. Das macht mir Angst. Nicht, weil ich nicht weiß, wohin er mit mir will, sondern weil ich diese Situation irgendwie lächerlich und unglaubwürdig finde. Und doch versuche ich, mich auf dieses Bild einzulassen.

Pummelchen und ich sollen an einer langen Treppe mit 48 Stufen ankommen. Jede dieser Stufen stünde für eines meiner Lebensjahre, höre ich die Rückführungsbegleiterin sagen. Mit großen Sprüngen reisen wir Hand in Hand zurück in die Zeit, als ich 30 war, 25, 20, 15. Was ich jetzt sehen würde?

»Mit 15 Jahren?!«, frage ich nach.

Nun, ich hänge mit meinen Freunden am Bushäuschen ab, wie so oft in dieser Zeit. Wir reden über alles, was Pubertierende so beschäftigt, und tragen dabei unsere selbst enger genähten Jeans, die so eng am Knöchel schlossen, dass wir die Hosen nur noch mit Hilfe einer Plastiktüte anziehen konnten. Ich sehe meine Frisur, die ich in den 8oern trug: viele wilde Locken – und höre die Melodien der Neuen Deutschen Welle: »Deine blauen Augen machen mich so sentimental« … Was für eine schöne Zeit das war. Ich verabschiede mich nur ungern und reise weiter.

»*Jetzt trittst du wieder ein, zurück in den Leib deiner Mutter!*«, gibt mir die Notizen machende Reisebegleiterin vor.

»*Wie soll das denn bitte funktionieren?!*«, denke ich, sage es aber nicht laut, sondern stelle mir einfach vor, wie ich als Ungeborener in der Fruchtblase hocke. Ziemlich lässig, wie ich finde, mit genügend Platz um mich herum. Die Beine und Arme leicht angewinkelt.

»*Hörst du die Geräusche um dich herum? Das Blubbern des Fruchtwassers, die Stimme deine Mutter?*«, versucht die Dame aus Österreich mein Bild auszumalen.

»*Nee, höre ich nicht!*«, erwidere ich nüchtern und kann mich leider nicht davon lösen, diese Situation und dieses Gespräch als absurd zu empfinden.

»Niemals!« – Im Vorfeld hatte ich mit vielen Menschen über die geplante Reise zu meinen Vorleben gesprochen und dabei bemerkt, wie weitverbreitet die Angst vor einer solchen Aktion ist. Sie umfasste die Furcht, auf ewig in der Hypnose gefangen zu bleiben und von diesem Abstecher in die eigene Vergangenheit nicht wieder zurückkehren zu können. Auch fürchten sich viele davor, in Trance Dinge auszuplappern, die ihnen peinlich sind und die sie lieber verschweigen würden. Aber das Schlimmste für viele wäre, Dinge über sich zu erfahren, die sie lieber unbeleuchtet gelassen hätten. Dazu passend erzählte mir die Rückführungsbegleiterin von einer Frau, die sich als Nazianhängerin wiederfand und ihre beste Freundin, eine Jüdin, ans Messer geliefert hatte. Klar, so etwas möchte man lieber nicht über sich wissen. Und doch wäre dies eine absolute Ausnahme gewesen, versichert mir die Dame, die in den letzten dreißig Berufsjahren über 3500 Menschen in ihre Vergangenheit begleitet hat.

Wie begründet ist also unsere Angst, Dinge über uns zu erfahren, die unser jetziges Leben (und unsere zukünftigen ☺) dauerhaft verändern würden? Ist es nicht viel mehr die Furcht, sich mit uns selbst auseinanderzusetzen? Das vermeiden wir gerne, weil es uns aus dem Trott bringt und häufig Veränderungen erfordert, die wir als mühsam, schmerzhaft und langwierig erkennen. Rhythmus schafft Harmonie, und aus der wollen wir nicht raus.

Aber wenn wir wissen, wo das Problem liegt, und wir dennoch nichts verändern, können wir uns auch nicht beklagen. Und so verdrängen wir fleißig und lassen die Erkenntnisse lieber im Verborgenen ruhen, nur um uns vor uns selbst zu schützen. Wem es so lieber ist, sollte alles beim Alten lassen. Ich jedoch begebe mich neugierig weiter in meine eventuelle Vergangenheit.

»Dein Schutzengel fliegt mit dir tiefer und tiefer in den Sternenhimmel hinein und landet in einer Zeit, die weit vor deinem jetzigen Leben liegt. Beschreibe den Ort, den du siehst, Jenke!«

Spielt mein Hirn jetzt verrückt, oder habe ich zu viele Filme gesehen, zu viele Bücher gelesen? Ich wandle über eine alte Kopfsteinpflasterstraße, vorbei an Häusern aus dem 18. Jahrhundert. Ich trage eine cremefarbene (enge!) Hose und einen dunkelblauen Gehrock. Meine Haare sind schulterlang und nach hinten gekämmt. Ich bin allein.

»Siehst du ein Haus, das dich anzieht? Wenn ja, geh hinein und beschreibe mir, was du siehst!«

Ich betrete ein weiß getünchtes Haus und stehe plötzlich in einem großen Raum, der von allen Möbeln und persönlichen Gegenständen leer geräumt ist. Lediglich ein Kanapee, ein dunkelrotes Sofa, mit aufwendigen Holzarbeiten wurde zurückgelassen. Es steht schräg vor einem Kamin, der aussieht, als hätte man ihn nie zuvor benutzt. Ich bin nicht nur allein in diesem Haus, das aus vielen Zimmer besteht, ich fühle mich auch allein.

»Schau dir die anderen Zimmer an. Sind da Kinder? Eine Frau? Was siehst du noch?«

»Hermann!«, lache ich laut auf. *»Da ist eine Frau, die mich Hermann ruft. Sie ist mit Anfang zwanzig etwa zehn Jahre jünger als ich damals. Sie hat ihre braunen Haare hochgesteckt und trägt ein helles, aufwendig geschneidertes Kleid, der Epoche gemäß. Zwei Kinder, ein Mädchen und ein Junge im Alter von vier und sechs, spielen vor ihr auf einem Teppich mit Figuren aus Holz.«*

Ich spüre eine befremdliche Distanz zu dieser, offenbar meiner, Frau und den Kindern. Ich interpretiere es mehr als Pflichtbewusstsein und Verantwortungsgefühl, was ich da empfinde. Von Liebe keine Spur. Da die Wohnung leergeräumt ist und sich meine Gefühle für diese Frau offenbar auch aus dem Staub gemacht haben, deute ich die Situation als das Ende einer Beziehung. Man trennt sich.

»Womit verdienst du dein Geld? Welcher Arbeit gehst du nach?«

Weiß ich doch nicht. Ich habe gerade genügend zu knabbern an der Situation mit Frau und Kind. Ich verlasse schweren Gemüts das Haus und gehe die Straße entlang bis zu einem Gebäude, das an einem Hafenbecken liegt. Ich betrete das dunkle Holztreppenhaus und stehe plötzlich in einem, meinem, Büro mit Blick aufs Wasser. Egal, welchem Beruf ich hier auch nachgehen mag, er entfacht in mir keine Leidenschaft. Auch in dieser Situation spüre ich nur Pflichtbewusstsein und Verantwortung. Von Befriedigung keine Spur. Was für ein tristes Leben mein vorheriges doch gewesen sein muss, sollte ich diesen Bildern glauben. Was ist denn das für eine Rückführung, bitte! Warum konnte ich mich nicht als strahlenden Prinzen wiederfinden, mit rauschenden Festen, Kohle ohne Ende und einem Leben voller Glückseligkeit. Warum muss ich ausgerechnet dem Depri-Hermann in mir begegnen?!

»*Weil du im Idealfall für dein nachfolgendes Leben daraus lernst. Du wirst Wesentliches verändern wollen. Vergleiche dein jetziges Leben mit deinem vorherigen!*«

Stimmt. Heute führe ich ein glückliches Leben. Ich liebe und werde geliebt, ich gehe einem Beruf nach, den ich als meinen Traumberuf bezeichne, und ich setze mich mit meinen Schwächen und Ängsten auseinander, versuche, mich ständig weiterzuentwickeln. Ich mag die Resignation nicht und den Stillstand ebenso wenig. Bin ich unzufrieden, finde ich heraus warum und ändere das Nötige. Als Hermann hatte ich mich nur ergeben. Meine Zeit auf Erden abgelebt.

Egal, ob ich jetzt an Rückführung glaube oder nicht – und ich bleibe verdammt skeptisch –, hat dieser Trip in mir das Bewusstsein geschärft, mein jetziges Leben noch mehr zu schätzen, mich von Zeit zu Zeit der natürlichen Verdrängung entgegenzustellen, innezuhalten und innerlich laut DANKE zu sagen.

Man muss keine Rückführung versuchen, um mehr über sich zu erfahren. Es reicht schon aus, sich die eigene Vergangenheit vor Augen zu führen.

Wer sich seine Ziele und Wünsche und seine Bedürfnisse aus vergangenen Tagen vor Augen hält und mit der Gegenwart abgleicht, weiß, wo er steht.

Hoffen Sie nicht auf ein weiteres Leben. Leben Sie jetzt. Für alles Weitere gibt es leider noch keine verlässlichen Quellen. ☺

Angst
vor den
anderen

»Studien haben
nachdrucklich gezeigt,
dass die Angst Nummer
eins des Menschen das
öffentliche Reden ist.
Angst Nummer zwei ist
der Tod.«

Erik Bergman

Die Angst vor dem Tod kann ich Ihnen nicht nehmen, aber vielleicht vor dem öffentlichen Reden, denn die hatte ich auch. Natürlich. Jeder hat oder hatte sie. Das haben wir unserer Urangst zu verdanken, von der Gemeinschaft abgelehnt zu werden, denn für die Zeit der freien Rede treten wir ja aus der Gruppe aus und machen unser eigenes Ding. Zu Urzeiten konnte das gefährliche Konsequenzen haben. Die Gruppe empfand uns als Eigenbrötler und entzog uns ihrem Schutz, was tödlich enden konnte. Alleine gab es für den Menschen damals kaum Überlebenschancen, und er musste schon sehr viel Stärke und Entschlossenheit beweisen, um sich allein und isoliert, umgeben von gefährlichen Tieren, auf Nahrungssuche zu begeben.

Diese wilden Zeiten sind zum Glück längst vorbei, warum also ist unsere Angst geblieben? Weil das Herdentier noch immer in uns steckt. Wir fühlen uns nach wie vor in der Gruppe am wohlsten, und was die Gruppe mag, das mögen früher oder später auch wir. Darauf basiert das Fernsehprogramm, die Musik, die Werbung, die Mode, nahezu alles. Selbst die vermeidlichen Individualisten unter uns sind es nicht. Auch sie folgen der Gruppe der Individualisten, kleiden sich genauso und pflegen einen nahezu identischen Lebensstil untereinander. So ist der Mensch nun mal. Und doch bleibt uns natürlich eine große Portion ureigener angeborener Individualität, und genau die sollten wir pflegen, sie annehmen und kultivieren. Sie macht uns aus. Sie macht uns besonders. Und wir sollten uns endlich lösen von dem Anspruch, allen gefallen zu wollen und von allen gemocht zu werden. Raus aus der Harmoniefalle!

Wo genau liegt denn Ihr Problem, vor anderen zu sprechen? Sie fürchten wahrscheinlich, rot zu werden, sich zu schämen, sich zu verhaspeln, zu stottern, Unsinn zu reden, die Zuhörer zu langweilen oder von der Bühne zu fallen. Kenne ich. Gut sogar. Ist mir alles schon passiert. Und ich meine wirklich alles! Den größten Bammel allerdings hatte ich vor einem Auftritt im Rahmen meiner Dreharbeiten für eine EXTRA-Reportage. Als mittelmäßig begabter Schlagersänger zog ich unter dem Künstlernamen Rico Diamond durch Deutschland mit dem Ziel, live vor Publikum auftreten zu dürfen. Würden die Veranstalter mich buchen, obwohl weder mich noch Rico Diamond kein Schwein kannte? Und wenn ja, für welche Auftrittsorte und Anlässe? Schrebergartenfest, Pommesbuden-Einweihung, Metzgereieröffnung? Oder, so träumten wir in der Redaktion damals ein bisschen größer, würde man mich vielleicht sogar in größere Hallen gegen Gage einladen?

Nach der ersten in EXTRA ausgestrahlten Folge, in der wir die Zuschauer mit der Figur Rico Diamond vertraut machten, seinen Song »Das Spiel des Lebens« vorstellten und ihn, also mich, ins Tonstudio begleiteten, um eine CD aufzunehmen, kamen die ersten Auftrittsangebote reingeflattert. Unter den Einladungen zu einer Reisebüroeröffnung und diversen kleinen Familienfesten war auch ein dicker Fisch dabei. Ein richtig dicker! Ich sollte in einer großen Diskothek im Ruhrgebiet vor 1200 Gästen singen. Live. Ich sagte spontan zu, und der Veranstalter begann auf Postern mit mir, also vielmehr mit »Rico Diamond, bekannt aus Funk und Fernsehen« zu werben.

Derartige Auftritte in Diskotheken finden selten vor 23.00 Uhr statt. Schließlich handelt es sich ja um etwas ganz Besonderes, das Highlight des Abends. Nach dem allseits bekannten Motto

»Je später der Abend ...« wertete ich es als besondere Ehre, dass ich sogar erst um 00.00 Uhr auftreten sollte.

Wie man sich doch irren kann.

Als ich mit meiner Redakteurin und einem Kamerateam eine Stunde vor Auftrittsbeginn vor der Disse eintrudelte, nahm uns niemand wahr. Meine Redakteurin machte daraufhin eine Umfrage vor laufender Kamera, wer denn von den Wartenden wegen Rico Diamond gekommen sei? Hand aufs Herz, Freunde!

Einstimmige Meinung nach etwa dreißig Befragten: Niemand. Keine Sau kannte Rico Diamond. Und kein Schwein wollte ihn demzufolge auf der Bühne sehen. Und schon gar nicht hören. Man sei ausschließlich wegen »Dem Wendler« hier, erklärten die zahlenden Gäste.

»*Dem was?*«, fragte ich meine Redakteurin.

»*Michael Wendler, genannt Der Wendler, ein Popschlagersänger mit mittelmäßigem Erfolg*«, klärte mich meine Redakteurin auf.

»*Aha! Der soll auch auftreten*«, hörte ich mich enttäuscht sagen.

»*Klingt ja nach einem großen Abend, meine Damen und Herren, liebe Schlagerfreunde! Heute für Sie auf der Showbühne: Ein mittelmäßig erfolgreicher und ein mittelmäßig begabter Schlagersänger: Der Wendler und Der Rico! – Was für ein mittelmäßiger Abend!*«

Fassen wir mal kurz zusammen: Es ist mein erster großer Auftritt vor Publikum, meine Gesangskünste halten sich in Grenzen, ich soll live singen und konnte mich nicht vorbereiten. Ein Soundcheck war nicht möglich und die 1200 Schlagerfans haben ihre teuren Eintrittskarten nur gekauft, um einen anderen Sänger zu erleben. Niemand ist meinetwegen gekommen. Sie merken: Es gibt wahrlich günstigere Voraussetzungen für einen gelungenen Auftritt.

Ich habe für mich entdeckt, dass ich erst dann entspannt und einigermaßen zufrieden mit mir selbst bin, wenn ich Lust auf den Vortrag, das Interview oder den Gastauftritt in einer Sendung habe. Da aber auch ich nicht immer Lust zu etwas habe und es aus unterschiedlichen Gründen trotzdem machen will oder muss, hilft nur eins: Ich muss mich in die entsprechende Stimmung bringen. Dafür habe ich unterschiedliche Methoden. Ich arbeite sehr viel mit Musik als Stimmungsmanipulator. Bin ich mies drauf, lege ich mir die Songs aufs Ohr, die mich innerhalb kürzester Zeit positiv berauschen. (Ja, mittlerweile gehört selbst Rico Diamond zu meinen Motivatoren.) Meine Stimmung ändert sich dann, oft zu meiner eigenen Überraschung, »schlagartig«. Das funktioniert auch noch wenige Minuten vor dem Auftritt und wirkt Wunder. Was mir auch immer sehr hilft, ist die Kraft der positiven Vorstellung. Ich male mir vor meinem geistigen Auge aus, wie viel Spaß und Interesse ich und die Zuschauer oder Zuhörer haben werden. Dann sehe ich Bilder lächelnder Menschen vor mir und fühle mich gleich wohler.

Unerlässlich und wichtiger als wichtig ist, dass ich überzeugt bin von dem, was ich tue und sage, und dass ich versuche, so vorbereitet wie möglich in die jeweilige Situation zu gehen. Ich will und muss authentisch bleiben. Ich habe eine Haltung zu dem Thema, zu dem ich spreche, und an der orientiere ich mich. Nur wer glaubhaft ist, kommt glaubhaft rüber. Und taucht dann doch mal ein Problem auf, das mich wiederholt irritiert, mache ich es zum Thema. Die Zuhörer mögen es sehr, wenn sie spüren, dass man ihnen nichts vormacht, und wenn sie merken, dass selbst ein erfahrener Zeitgenosse aus dem Konzept kommt, einen Tag hat, an dem ihm nicht die passenden Worte einfallen, er plötzlich stottert, seine Stimme belegt oder er einfach nur nicht gut drauf ist. Wenn man das offen anspricht, humorvoll und um Verständnis bittend, hat man die Menschen vor der Bühne schon auf seiner Seite, und der persönliche Druck verschwindet. Oft entsteht aus einem schlechten Start ein wundervoller, sehr lebendiger Auftritt.

»Meine Damen und Herren, liebe Schlagerfreunde, hier ist er: Ricooooo Diamond!«

1200 Leute toben, als wäre ich Robbie Williams. Junge Frauen drängen sich an die Bühne und wollen mir die Hand reichen, mich berühren. Die Männer reißen die Arme in die Höhe und bilden großflächige La-Ola-Wellen. Die Musik dröhnt laut und fett durch die große Halle, und ich singe schief und krumm, aber live ☺ »Das Spiel des Lebens«. Von einer Strophe zur nächsten rechne ich fest damit, dass die Stimmung kippt, dass mich schmerzverursachende Gegenstände am Kopf treffen, um die Menschen von ihrer Qual zu erlösen, indem sie mich von der Bühne fegen. Aber nichts da: Die Stimmung wird besser und besser, und am Ende meines Liedes schreien 1200 Menschen auch noch Zugabe! Zugabe! Tja, so kann's auch laufen.

Aber wie gibt man eine Zugabe, wenn man keine hat? Konnte doch niemand damit rechnen, dass die Menschen mehr von mir, also vielmehr von Rico, wollten. Ich stand immer noch vor 1200 erwartungsfrohen Gesichtern und wusste, jetzt würde ich sie enttäuschen. Ich erklärte ihnen meine Not und bot an, dasselbe Lied einfach noch einmal zu singen. Und schon gingen erst das Gegröle und dann auch die Musik wieder los. Und ich sang schief und krumm wie zuvor. Und die Gäste waren begeistert, wie zuvor. Was für ein großartiger Abend für alle Beteiligten. Bleibt eigentlich nur noch die Frage übrig: Warum? Die Vorzeichen waren schlecht, die Umstände waren schlecht, und meine Darbietung war ebenfalls schlecht. Ich konnte mir die Frage nicht beantworten, als ich die Bühne freimachte für »Den Wendler«, und meine Redakteurin konnte es auch nicht. Weder Kameramann noch Tonmann hatten eine Erklärung dafür. Erst eine Stunde später, ich war immer noch damit beschäftigt, als Rico Autogramme zu verteilen, trat ein junger Schlagerfan an mich heran mit Worten, die klarer und einleuchtender nicht sein konnten:

»Ich bin ganz ehrlich, Rico. Gesangsmäßig hast du es echt nicht drauf und live schon mal gar nicht. Aber du hast eine solche Lust, Freude und einen solchen Spaß verbreitet, dass wir dich lieben mussten. Mach weiter so!«

Vom Mut, eine Bitte zu äußern

»Hilfe ist ein Prinzip, kein Lustprinzip!«

Peter E. Schumacher

Aus Angst vor Zurückweisung und Ablehnung haben die meisten von uns große Scheu, andere um etwas zu bitten. Denn wer um etwas bittet, macht sich klein und gesteht ein, dass der andere etwas besser weiß oder kann. Das gefällt uns nicht, denn wir wollen die Starken sein und nicht die Schwachen. Wir wollen nicht signalisieren, dass wir nicht weiterwissen und Hilfe brauchen.

Erschwerend kommt hinzu, dass der, der bittet, sich in Schuld begibt. Eine ziemlich klebrige Angelegenheit, dieses Gefühl der Verpflichtung: »Du hast einen bei mir gut! Sag mir nur Bescheid! Wann immer du willst!«

Horror, solche Worte aus dem eigenen Mund purzeln zu hören, weil man so unendlich dankbar ist, dass einem geholfen wurde. Und innerlich hofft man doch, dass man bloß nie beim Wort genommen wird. Was für ein Quark!

Es darf doch nicht alles im Leben immer nur auf eine Gegenleistung ausgerichtet sein. Auch wenn sich das so etabliert hat. Kann man nicht einfach auch mal nehmen, ohne zu geben?! Ich helfe doch auch deswegen gern, weil ich helfen will oder weil ich den Menschen, der Hilfe braucht, sehr mag und nicht, weil ich es als Investition in die Zukunft betrachte. »Helfe ich dir, hilfst du mir.« Wie berechnend!

Besonders interessant finde ich, dass es Männern viel schwerer fällt, um etwas zu bitten, als Frauen. Ich habe mal eine Reportage über den angeborenen Unterschied zwischen dem weiblichen und dem männlichen Gehirn gedreht. Mal abgesehen vom unterschiedlichen Hirngewicht ☺, gibt es viele Bereiche, in denen sie ihren Trägern unterschiedliche Impulse senden. Kindergartenkinder bekamen die Aufgabe, so viele DIN-A4-Blätter wie nur möglich zu fangen, und ich stellte mich für diesen Versuch auf ein Klettergerüst. Unter mir versammelten sich fünf Mädchen und fünf Jungen. Ich warf einen kleinen Stapel Blätter in die Luft, und wir filmten das Jagdverhalten der Kinder, um es uns später in Zeitlupe mit einem Hirnforscher anzuschauen.

Dabei stellte sich heraus, dass es einen sehr auffälligen Unterschied in der Herangehensweise der beiden Geschlechter gegeben hat. Die Mädchen schauten in die Luft, eilten mal zu einem Blatt, dann schnell zu einem anderen, ohne eines davon zu fangen. Sie konnten sich einfach nicht entscheiden. Die Jungs hingegen dachten gar nicht erst nach, schupsten sich gegenseitig zur Seite und grapschten wild in die Luft. Auch wenn ihre Feinmotorik sehr zu wünschen übrig ließ und die Zettel nach ihrer Fangattacke zerrissen oder unbrauchbar zerknittert waren, hatten sie wenigstens welche in der Hand. Die Mädchen gingen leer aus.

Zu einem ganz anderen Ergebnis kamen wir beim Gegenversuch. Beide Gruppen sollten ihren Orientierungssinn unter Beweis stellen. In dieser Kategorie versagten die jungen Herren komplett. Ich gab ihnen eine recht einfache Schatzkarte an die Hand und schickte sie auf die Suche. Die Mädchen studierten die Karte erst einmal penibel genau, berieten sich untereinander und liefen dann los. Tatsächlich fanden sie den Schatz als Erste. Die Jungs hingegen rannten sofort drauflos, verschwendeten keinen zweiten Blick auf die Schatzkarte und irrten völlig orientierungslos durch die Gegend. Auch war ihnen die Meinung der anderen Jungs nicht wichtig. Sie wollten die Aufgabe allein lösen, jeder für sich. Egal wie.

Der Hirnforscher erklärte mir damals, dass sich dieses Verhalten auch im Erwachsenenalter leider nicht mehr ändern würde. Wir Männer bleiben im Grunde immer Einzelkämpfer. Und Einzelkämpfer fragen nicht gern nach dem Weg. Sie bitten auch andere nur sehr ungern um Hilfe. Der Einzelkämpfer fährt lieber stundenlang durch eine fremde Stadt, weil er nicht in der Lage ist, jemanden nach diesem verdammten Weg zu fragen.

Bescheuert, oder?! Frauen verhalten sich da oft anders. Extrem anders. Sie geben sogar Schwächen zu, nach denen niemand gefragt hat.

Ich hatte nie ein Problem damit, andere nach dem Weg zu fragen, und mache es auch heute in fremden Städten oft lieber, als das Navi zu programmieren.

So bleibt man wenigstens im Gespräch mit den Menschen. Auch im Supermarkt frage ich lieber zu früh, anstatt kopflos durch die Gänge zu geistern. Meine Freundin macht das im Übrigen genau andersherum ☺. Dafür hat sie von uns beiden den besseren Orientierungssinn. Und das bessere Gedächtnis. Und die viel bessere räumliche Wahrnehmung. Und ... Schluss jetzt!

Das Um-Hilfe-Bitten ist aber natürlich auch von meiner jeweiligen Tagesstimmung abhängig. Habe ich keine Lust auf andere Menschen, dann spreche ich sie auch nicht an. Dann kann es vorkommen, dass ich lieber gar nicht erst einkaufen gehe, bevor ich mit irgendjemandem reden muss. Und dann irre ich auf der Suche nach einer Straße auch gerne mal stundenlang herum, wenn das Navi das Ziel nicht findet und ich nicht die geringste Lust verspüre, Fremde nach dem Weg zu fragen. Aber in dieser Stimmung bin ich zum Glück recht selten.

Die Bereitschaft, jemanden um etwas zu bitten, ist anerzogen. Hatten die Eltern schon ein Problem damit, sich bei den Nachbarn eine Packung Zucker auszuleihen, ist es sehr wahrscheinlich, dass die Kinder dies übernehmen. Meine Mutter vergaß sehr oft den Zucker beim Einkauf, und sie wie auch ich drückten regelmäßig den Klingelknopf der Nachbarin. Oftmals hatten wir den Zucker über die netten Gespräche dann vergessen und mussten nochmals klingeln. Das hat sich bei mir fest verankert, und wenn ich Hilfe brauche, bitte ich andere darum.

Eine Bitte zu äußern ist ein Bedürfnis einzugestehen. In jedem Bereich des Lebens. Gefällt Ihnen etwas, gefällt Ihnen etwas nicht, fehlt Ihnen außer dem Zucker auch noch Zuwendung, Interesse, Liebe, Gemeinsamkeit, dann teilen Sie sich den Menschen mit, die etwas daran ändern können. Das ist die einzige Möglichkeit, wie Ihnen geholfen und Ihre Wünsche wahr werden können. In der Beziehung, im Job, im Alltag. Nur wer sagt, was er möchte, hat die Chance, es auch zu bekommen. Setzen Sie an dieser Stelle Ihren Wunsch, Ihr Bedürfnis ein, und formulieren Sie im Geiste schon einmal das Gespräch vor, das Sie mit dem Menschen führen möchten, den es betrifft. Gehen Sie auch alle möglichen Reaktionen durch, und entscheiden Sie dann, wie wichtig Ihnen die Angelegenheit ist. Ist es Ihnen sehr wichtig, dann ziehen Sie die Sache auch gefälligst durch. Es geht um Sie! Sie machen das für sich!

Vom Mut,
NEIN zu sagen

»Die Fähigkeit, das Wort
›Nein‹ auszusprechen, ist der
erste Schritt zur Freiheit.«

Nicolas Chamfort

Wann haben Sie zum letzten Mal voller Überzeugung NEIN gesagt?! Ich meine nicht »vielleicht«, und ich meine auch nicht »ja, aber ...« oder andere Umschreibungen, die für Sie NEIN bedeuten.

Ich spreche von dem NEIN zu der Verkäuferin an der Wursttheke, die Ihnen wieder einmal die oberste, schon leicht verfärbte Wurstscheibe mit aufs Papier legt, und dem Gemüsehändler, der wie selbstverständlich die matschige Erdbeere mit in die Tüte packt. Ich rede von dem hektischen Anzugträger, der sich an der Kasse mit seiner einsamen Milchtüte vordrängen will und der Kassiererin, die mir grußlos die Summe meiner Einkäufe entgegenraunzt. Warum lassen wir uns das bieten, anstatt zu erwidern: Sach ma, geht's noch? Oder etwas feiner und direkter ausgedrückt: NEIN!

Dabei sind das ja recht harmlose Fälle, weil man die Menschen nicht kennt. Viel schwieriger ist es im direkten Umfeld. Auch Sie werden »Freunde« haben, die ständig Ihr Ohr brauchen. Die Sie mit Ihren Sorgen und Nöten vollmüllen. Sehr gerne auch ungefragt. Ich hatte eine Kollegin im Sender, die war so eine Kandidatin. Wir waren nicht befreundet, schätzten uns aber sehr. Wann immer sie mich erblickte, kam sie zu mir, stellte Interesse vortäuschend ihre obligatorische Einstiegsfrage, und ich sah schon an ihrem Gesichtsausdruck, dass ihr meine Antwort völlig egal war. Ihr ging es ausschließlich darum, ihren Frust und ihre Sorgen abzuladen. Und zufällig war ich grade zur Stelle – jeder andere wäre genauso gut gewesen.

Anfangs hörte ich ihr geduldig zu, machte mir Gedanken über ihre Probleme und versuchte, ihr zu raten, ihr mit meiner Sicht der Situation irgendwie zu helfen. Nachdem sie genügend Verständnis und Zuspruch von mir bekommen hatte, plapperte sie ihre Ausstiegsfrage nach meinem persönlichen Befinden heraus, und wieder spürte ich, dass sie an meiner Antwort schon gar nicht mehr interessiert war. Sie verschwand so schnell, wie sie gekommen war. Mit dem Ergebnis, dass es ihr nach unserem Gespräch besser ging und ich den Kopf voll hatte mit ihren Problemen. Auch wenn ihre Sorgen nicht automatisch zu meinen wurden, spürte ich danach immer negative Schwingungen in mir. Und das mochte ich nicht.

Diese Kollegin war unzufrieden mit allem und allen, und ich war natürlich nicht der Einzige, dem sie ständig damit in den Ohren lag. Ich sah immer wieder, wie andere im Gespräch mit ihr die Köpfe schüttelten und betroffene Mienen bekamen. Überall kippte sie ihren Sorgenberg auf Unbeteiligte, die einfach nur zu gutmütig und freundlich waren, um ihr ein NEIN! zu entgegnen.

Ich mochte diese Kollegin und tappte damit in die Harmoniefalle, so wie viele andere. Ich geriet in einen Gewissenskonflikt. Wäre sie mir egal gewesen, hätte ich sie viel früher gebremst, nachdem ich ihre Art, Gespräche zu führen, durchschaut hatte. Aber so brachte ich es nicht übers Herz, ihr gegenüber NEIN zu sagen. Ich dachte, mit wem soll sie denn sonst reden, wenn sie solche Probleme hat? Ich entschied mich für den nur vermeintlich leichteren und angenehmeren Weg und ging ihr aus dem Weg, sobald ich sie am Ende des Ganges erblickte. Ohne aber ihr zu sagen, dass ich keine Lust und keine Kraft mehr hatte, mich von ihr benutzen zu lassen. Das war natürlich die denkbar schlechteste Lösung, wie ich schnell merkte. Denn jetzt hatte ich mir ein dauerhaftes Problem an Land gezogen. Ich musste ihr aus dem Weg gehen, das bedeutete auf Dauer Stress und den wollte ich noch viel weniger als ihre Sorgen. Und da ein Problem das nächste anzieht, warf sie mir nach kurzer Zeit auch noch vor, ihr aus dem Weg zu gehen.

Was für eine verknotete Situation, aus der es nur einen Ausweg gab: Offenheit und Ehrlichkeit und eine Handvoll Mut. Ich ging freundlich auf sie zu, und nach einem kleinen Small Talk erklärte ich ihr mein Problem. Ich nahm mir Zeit, war sehr freundlich und verständnisvoll und sagte ihr, was ich nicht mehr wollte. Das hatte wohl vorher noch niemand getan, denn sie stand mit fassungslosem Gesicht vor mir und verstand die Welt nicht mehr.

Wie zu erwarten war, veränderte meine Offenheit unser Verhältnis. Sie war lange Zeit beleidigt und ging nun mir aus dem Weg. Aber das war dann wenigstens nicht mehr mein Stress. Eine solche Entwicklung muss man dann auch aushalten, und das habe ich voller Überzeugung und ohne Bedauern getan.

Diese Begebenheit liegt nun schon Jahre zurück und die Stimmung zwischen uns ist immer noch gestört, was in meinen Augen nur verdeutlicht, welche Ausrichtung unsere Bekanntschaft von Anfang an hatte: eine sehr einseitige.

Als sich mir vor ein paar Monaten eine andere Kollegin auf dieselbe Art näherte und mir ausschließlich von ihren negativen Erlebnissen berichtete, schrillten bei mir die Alarmglocken. Ich sagte ihr gleich zu Beginn, dass ich nicht ihr seelischer Mülleimer sein kann, und da ich so ein Gespräch schon einmal geführt habe, fiel es mir sehr leicht. Unserer kollegialen Beziehung haben diese offenen Worte gutgetan, denn sie konnte sie akzeptieren. Wir haben seitdem ein sehr nettes Miteinander und sprechen über viele Bereiche unseres Lebens.

Wie hinter so vielen Ängsten in unserem Leben verbirgt sich auch hinter der Angst, NEIN zu sagen wieder einmal die Furcht, abgelehnt zu werden, gepaart mit einem zu geringen Selbstwertgefühl. Aus Angst, den anderen, der einem ja so viel Vertrauen schenkt, zu enttäuschen, ihn zu verletzen, nehmen wir Umstände und Entwicklungen in Kauf, die uns nicht guttun, sondern uns sogar schaden. Denn auch wenn wir uns nach außen hin nichts anmerken lassen, tragen wir den Streit innerlich aus. Das ist doch grotesk und schadet und belastet uns nur.

Daher, Augen zu und durch, und wer uns nach einem NEIN Ignoranz und Egoismus vorwirft, schließt damit nur von sich selbst auf andere. Denn derjenige ist in Wahrheit ausschließlich daran interessiert, seine Interessen durchzusetzen, und denkt kein bisschen an sein Gegenüber. Welches Verhalten ist also in so einem Moment egoistischer?!

Abgesehen von diesem großen NEIN, das wir uns viel öfter herausnehmen sollten, sind es auch die vielen kleinen im Alltag, die wir uns nicht verkneifen sollten. Da derjenige, der am allermeisten für mein eigenes Wohlbefinden und meine Zufriedenheit verantwortlich ist, ich selbst bin, muss ich sagen, was mir gefällt und was nicht. In jedem Bereich meines Lebens. Das Recht gestatte ich im Gegenzug auch allen anderen. Und wer damit ein Problem hat, dem kann ich leider auch nicht helfen. Ich habe für mich entschieden, meine Probleme nicht nur so gering wie möglich zu halten, sondern sie nacheinander zu lösen. Das tut verdammt gut, denn es befreit mich von überflüssigem Ballast und es stärkt mein Selbstwertgefühl. Genau darum geht es schließlich!

Keine
Angst vor
Experimenten!

»Wer seine Wünsche liebt,
kennt keine Zweifel.«

Nikolaus B. Enkelmann

Nein, das habe ich wirklich nicht. Aber das scheint viele zu interessieren, denn ich werde immer wieder danach gefragt. Ich bin ehrlich zu Ihnen: Mich ängstigt weder die Vorstellung, vier Wochen lang jeden Tag das Vierfache meines Energiebedarfs zu futtern, um herauszufinden, wie schnell es meiner Gesundheit schadet – noch macht es mir Angst, vier Wochen lang rund um die Uhr zu saufen, motiviert von derselben Fragestellung: Ab wann wird es zu einem Problem? Und mit den restlichen Experimenten, die ich bis jetzt durchlebt und verfilmt habe, verhält es sich nicht anders. Es gab immer wieder Situation, die mich sehr bewegten und auch seelisch stark belasteten, und Begegnungen mit Menschen, die ich niemals vergessen werde.

Aber Angst macht mir das alles nicht. Denn schließlich will ich es ja wissen und werde nicht mit vorgehaltener Pistole in einem dunklen Raum im Sender RTL dazu gezwungen. Doch bitte verstehen Sie mich nicht falsch: Ohne Sender und Kameras würde ich es natürlich auch nicht in dieser Intensität ausprobieren und durchleben – is klar, ne?!

Am häufigsten werde ich noch heute auf das »Ess-Experiment« angesprochen, dabei liegt es schon drei Jahre zurück. Damals hatte es den Nerv der Zuschauer getroffen, denn es ging um eines unserer größten Probleme – das Übergewicht. Deutschland führte im Jahre 2010 die »Top Ten der Dicken« dieser Welt

JETZT ERST RECHT!!!

♛ **RICO DIAMOND**

DIE "GANZ EGAL!"
*** TOUR 2006 ***

Rico
Diamond
Tourplakat

Rico
live in
Mülheim

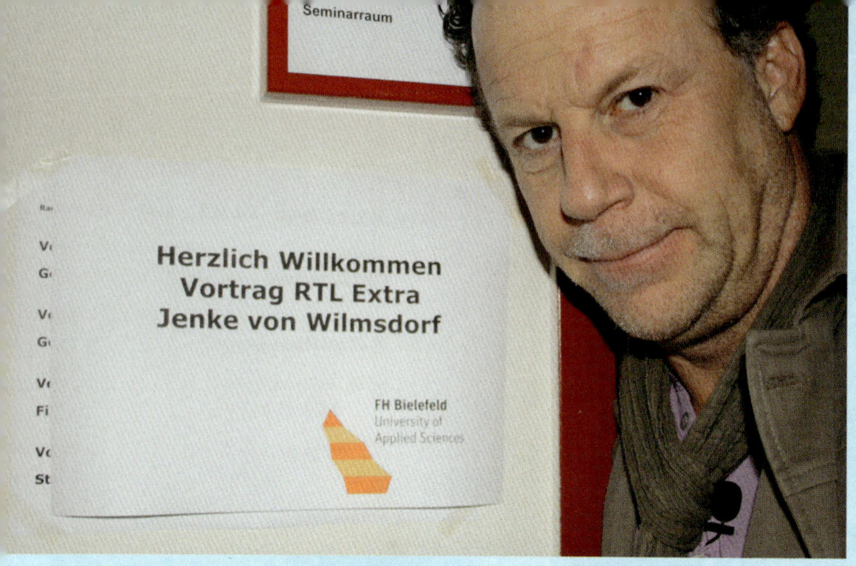

Herzlich Willkommen
Vortrag RTL Extra
Jenke von Wilmsdorf

FH Bielefeld
University of
Applied Sciences

Seminarraum

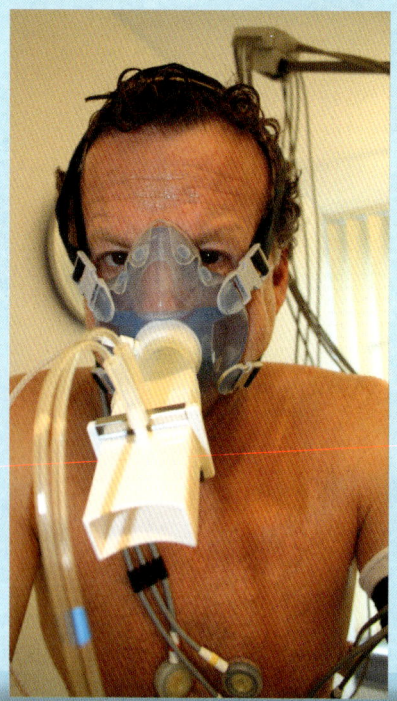

**Großer
Belastungstest**

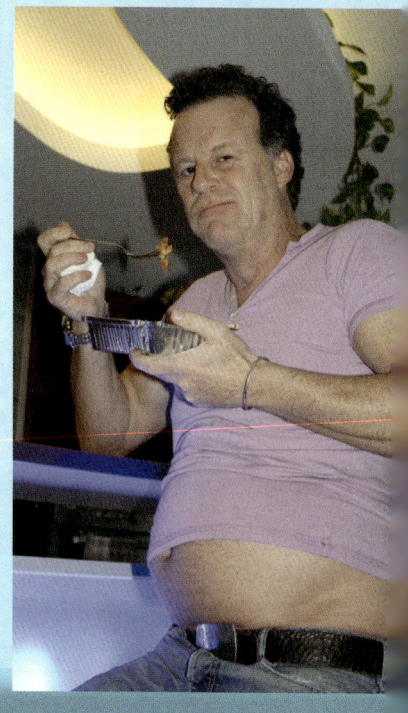

**Bis zu 7.000
kcal pro Tag**

Alles, was das
Herz begehrt

Pommes mit
Joey

**Extrem-
sportler
Kelly**

115 市内岡部
Okabe

4

福島市街
Central Fukushima

309

浪江
Namie

川俣
Kawamata

114

114

**Nach Fukushima
links abbiegen**

Messamis
LKW

Messami schleust
mich ins Sperrgebiet

Streetart in Fukushima

安全
DEATH

Straßensperre

立入禁止！

**Ortsschild
Vilcabamba**

**Hebamme
Dona Albina,
96, praktiziert
noch**

**Don Pedro verrät
mir sein Rezept**

Dona Lucia,
105 Jahre alt

Zwei Hände,
zwei Leben

an. Jeder zweite Erwachsene war übergewichtig, jeder fünfte Jugendliche auch. Erschreckende Zahlen.

Nun wissen wir ja alle, wie das mit dem »Dickwerden« geht, und im Jahr 2014 kann nun niemand mehr klaren Verstandes fragen: »Waaas?! Pizza am Abend macht auf Dauer fett? Gilt das etwa auch für Nudeln?!« Und doch gehören wir zu den Dicksten weltweit. Warum? Weil wir zu passiv sind! Wir futtern auf Teufel komm raus, leben ausschließlich nach dem Lustprinzip, sind süchtig nach Zucker und Fett und jammern dann, wenn wir dementsprechend aussehen.

Ich spreche hier nicht von den Menschen, die mit ihren achtzig Kilo auf 1,67 m glücklich und zufrieden sind. Ich wundere mich über die 1,67 m großen Menschen, die achtzig Kilo wiegen und sich ständig beklagen, dass sie zu dick sind, während sie sich das XXL-Schnitzel mit Kartoffelsalat reinschrauben und sich den »ach so gesunden« Salat mit Cocktailsauce und viel leckerem Weißbrot allen Ernstes als kalorienarme Kost dazwischenschieben. Dabei sind sie bestens informiert, verschlingen immer wieder aufs Neue all die Zeitschriften mit den revolutionären Diättipps und sind auch bestens darüber im Bilder wie viele Kalorien das, was sie so lieben, dauerhaft auf den Hüften hinterlässt. Und das geht sogar noch schneller, als sie denken.

Allein die allabendliche obligatorische Flasche Bier für den Herrn oder das cremige Pedant für die Dame, der Becher Sahnejoghurt, den beide über ihren täglichen Kalorienbedarf hinaus »naschen«, erhöht das Körpergewicht am Ende eines Jahres um etwa zehn Kilogramm. Und wie schnell ist ein Jahr um? ☺

Das wäre ja alles überhaupt kein Problem, wenn wir an anderer Stelle weniger oder anders essen würden oder noch besser: wenn wir etwas Sport dazwischenschieben würden. Aber dazu haben die meisten Übergewichtigen keine Lust. Sie schieben es lieber auf den Herbst und den lästigen Winter; Jahreszeiten, in denen der Mensch nun mal Gewicht zulegen muss, um mit einer wärmenden Fettschicht die kalte Jahreszeit erst überleben zu können. Gleichzeitig steigen aber auch die Nebenkostennachzahlungen für die wohligen 23 Grad Wohnzimmertemperatur. Grotesk, oder?!

Ich recherchierte allerdings auch, dass es Umstände gibt, die es manchen Menschen leichter macht übergewichtig zu werden, als anderen. So ist zum Beispiel der BMI (Body-Mass-Index) um so niedriger, je höher der Schulabschluss bei Männern und Frauen ist. Auch mit steigendem Pro-Kopf-Nettoeinkommen soll sich ein Absinken des BMI zeigen. Sehr interessant fand ich, dass ledige Frauen und Männer zu einem größeren Anteil normalgewichtig seien als verheiratete, geschiedene oder verwitwete Personen. Hinzu kommt der Einfluss des Erbgutes. Die Forscher schätzen, dass bei 80 Prozent der stark fettleibigen Kinder mindestens ein Elternteil zu dick ist.

Wie vor jedem Experiment, das auch mein Körper schadlos überstehen soll, spreche ich vorher mit einem Arzt und lasse mich gründlich untersuchen. Beim Ess-Experiment dauerte dieser Check einen ganzen Tag lang. Ich erzählte von meinen Ernährungsgewohnheiten, wie oft ich Sport treibe, ich gab jede Menge Blut für ein großes Blutbild ab, ließ Leber, Magen, Galle und Darm unter die Lupe nehmen und absolvierte umfangreiche Belastungstests. Ich wurde gewogen, vermessen, und der Doktor bestimmte meinen Wasserhaushalt, mein Knochengewicht und meinen Körperfettanteil. Aus all diesen Daten wurde mein täglicher Energiebedarf errechnet, und der lag bei etwa 1900 Kilokalorien.

Das war viel weniger, als ich angenommen hatte, und es war der erste Moment, an dem ich dachte, dass bei den meisten Menschen die Fehlinformation schon hier losgeht. Denn sie greifen auf allgemeine Rechentabellen im Internet zu, die ihnen einen viel zu hohen Energiebedarf ausrechnen, und schon essen sie mehr, als sie sollten. Wenn Sie es genau und verlässlich wissen wollen, kommen Sie um einen Arztbesuch nicht herum. Fragen Sie Ihren Hausarzt oder einen Mediziner, der auch die Ernährungswissenschaft in seinem Programm hat.

Meinen täglichen Kalorienbedarf hatte ich all die Jahre um etwa 300 kcal höher angesetzt. Kein Wunder also, dass ich bereits bei Experimentbeginn drei Kilo mehr wog, als ich eigentlich sollte. Was mich aber noch mehr erschreckte, war die Tatsache, dass selbst ich schlanker Mensch über ein sogenanntes »Moppel-Gen« verfügte, eine familiäre Anlage, die das schnellere Dickwerden begünstigt. Der Ernährungswissenschaftler stellte zudem fest, dass ich zu der großen Gruppe Menschen gehöre (wie achtzig Prozent der Deutschen), die die überschüssigen Kalorien in Fett umwandeln und sie so im Körper deponieren. Ich hätte mir gewünscht, ich würde zu den verbleibenden zwanzig Prozent gehören, die alles sofort verbrennen und kaum Fett ansetzen. Solche Glücklichen werden auch Sie im Bekanntenkreis haben und neidvoll beäugen, wie sie essen und essen, was und so viel sie wollen, und dabei trotzdem schlank bleiben. Wie ungerecht.

Ich wollte für mein Ess-Experiment so viel Gewicht wie möglich zunehmen und hatte dafür nur vier Wochen Zeit. Im Gegensatz zu dem amerikanischen Kollegen Morgan Spurlock, der einen ähnlichen Versuch in seiner Reportage »Super Size Me« unternahm, dafür aber ausschließlich bei McDonald's aß, sollte mein Experiment alltagsnäher sein. Denn wer isst schon dreißig Tage lang ausschließlich Burger und Pommes?!

Also startete ich jeden Tag mit einem ordentlichen repräsentativen Frühstück: zwei Caffè Latte mit Zucker, zwei Käsebrötchen, etwas Wurst, ein bis zwei Eier im Glas mit reichlich Butter, ein Schälchen Mango, Birne oder Apfel und zwei große Gläser Saft. Somit kam ich allein bei meinem opulenten Frühstück auf rund 1500 Kilokalorien, was schon annähernd meinem gesamten Tagesbedarf entsprach. Zur Erinnerung: Der liegt bei 1900 kcal.

Bis zur Mittagszeit bekam ich nichts mehr runter, doch ab 13.00 Uhr meldete sich wieder der kleine Hunger. Ich setzte mein persönliches Mastprogramm mit einem üppigen Nudelgericht fort, sehr gerne natürlich von einer Käse-Sahne-Sauce begleitet. Dazu zwei Gläser Cola, weder light noch zero, und um den Magen zu schließen eine cremige Nachspeise mit einer großen Tasse gezuckerten Milchkaffee. Laut mitgeführtem Kalorienrechner waren das zusätzliche 1800 Kilokalorien, was wieder einmal annähernd meinem Tagesbedarf entsprach. Insgesamt lag ich mit Frühstück und Mittagessen jetzt bei 3300 kcal.

Doch ich wollte mehr. Viel mehr. Von meinem ursprünglichen Plan, jeden Tag 10000 kcal zu mir zu nehmen, musste ich bedauerlicherweise Abstand nehmen, nachdem die Ärzte mir erklärten, dass bei 7000 kcal definitiv Schluss sei. Mehr könne der Körper nicht aufnehmen, und alles darüber hinaus würde umgehend und unverwertet den Darm verlassen. Falls sie wissen, was ich meine. ☺ So pendelte ich mich schweren Herzens bei etwa 7000 kcal ein.

Was mir in den ersten Tagen noch Freude bereitete, wurde schneller als erwartet zur Qual. Ich bekam diese Mengen an Futter einfach nicht mehr herunter, und meine Magenschleimhaut fing auch recht schnell an zu meckern. Zunehmend fehlte mir der Sport, denn normalerweise ging ich zweimal in der Woche joggen. Doch wer dick werden will, der läuft nicht. Stattdessen machte ich es mir auf dem Sofa bequem. Mit zwei großen Stücken Buttercremetorte. Rülps. Macht weitere 1000 kcal.

Die Zeit bis zum Abend übernaschte ich mit diversen Schokokeksen und Energieriegeln, um den Tag schließlich mit einem übermächtigen Cheeseburger plus Pommes und Mayo sowie zwei Gläsern Cola zu beenden. Kurz vor dem Platzen noch mal schnell alles auf dem Kalorienrechner addiert, kam ich auf rund 7000 kcal. Etwaige Differenzen glich ich mit zusätzlichen Säften und Knabbereien aus.

War mir oft übel! Und nicht nur ich stellte mir die Frage: Was soll das? Niemand frisst so viel an einem Tag, und das dann auch noch über einen Zeitraum von vier Wochen. Stimmt. Wahrscheinlich ernährt sich sogar kaum jemand so überkalorisch. Dachte ich. Bis ich in die USA reiste, um dort Frauen zu besuchen, die aus einem Fetisch heraus von ihren Männern gemästet werden. Feeder nennt man diese Herren, die ihre Lust daraus beziehen, ihre Frauen fett zu füttern, so fett, bis sie sich kaum noch bewegen können und von ihnen in jeder Hinsicht abhängig sind. Die weiblichen »Opfer«, die ich interviewte, wogen alle mindestens 250 Kilogramm. Sie litten unter Diabetes, chronischen Gelenkentzündungen, Herzproblemen, Rückenschmerzen, Kurzatmigkeit und waren allesamt Risikopatienten. Den Männern schien das egal zu sein, und für die Frauen war es längst zu spät, das Ruder herumzureißen. Sehr erschreckend für mich und bei allem Verständnis nicht nachvollziehbar.

Es gab Tage, da hatte ich allergrößte Mühe, mein Kalorienziel zu erreichen. Ich fühlte mich schlecht, und das übermäßige Essen machte mir keinen Spaß mehr. An diesen Tagen blieb ich unter den angepeilten 7000 kcal, um mein Experiment nicht ad absurdum zu führen. Schließlich wollte ich mich ja nach dem Lustprinzip ernähren und mich nicht einfach nur stopfen.

Nach etwa zwei Wochen hatte ich rund fünf Kilo zugenommen, viel weniger als erwartet. Denn der Arzt hatte bis zu zehn Kilo vorhergesagt. Mein Alltag machte mir einen Strich durch die Rechnung. Ich konnte immer weniger Zeit liegend auf dem Sofa verbringen, weil ich meine Reportage selbst produzieren musste. Das bedeutete, dass ich reisen musste, um Menschen zu treffen, die ich zu dem Thema interviewen konnte. Ich musste drehen, texten und war viel unterwegs. Das bedeutete Stress, und in Stresszeiten nimmt man ab. Wie ärgerlich und kontra-produktiv.

Auch wenn die Waage nicht den erwarteten Beweis meiner Völlerei anzeigte, der folgende größere Check beim Arzt brachte Erschreckendes ans Licht: Meine Blutfettwerte hatten sich bereits stark verschlechtert, und die Leber zeigte erste Anzeichen einer Verfettung, vom viel zu hohen Cholesterinwert einmal abgesehen. Da dies aus medizinischer Sicht noch nicht bedenklich war, konnte ich das Experiment zum Glück fortsetzen.

Das war auch gut so, denn so langsam waren die körperlichen Veränderungen nicht mehr zu übersehen: Mein Bauch, vorher einigermaßen flach, wölbte sich jetzt fernsehgerecht und zunehmend unter meinem Hemd und machte damit die Knöpfe zu einer bedrohlichen Waffe. Aus einem Kinn wurden plötzlich zwei, und meine Jeans trug ich lieber am Bund geöffnet. Ja, eitel sollte man bei einem solchen Experiment besser nicht sein.

Die Menschen, die mich kannten, von meinem Versuch aber nichts wussten, schauten mich erschrocken an, ließen meinen Zustand aber freundlicherweise unkommentiert.

Doch die körperlichen Veränderungen waren das eine, auch von meiner Psyche gab es jetzt Neues zu berichten. Ich fühlte mich lustlos, antriebslos und übellaunig. Mein Schlaf wurde zunehmend unruhiger, und auch mein Appetit auf Sex ließ, im Gegensatz zum Appetit auf Kalorien, spürbar nach. Den krönenden Abschluss fand meine Veränderung auf der halben Strecke des Experiments in Kurzatmigkeit und Hitzeschüben.

Die letzten beiden Wochen meines Experiments nutzte ich, um gezielt nach den besonderen, den nicht so bekannten Kalorienbomben zu suchen, und entdeckte Erstaunliches: dass in jeder Wurst Zucker steckt, der unauffällig umbenannt dann zum Beispiel Dextrose, Lactose oder Glucose heißt, und dass vermeintlich gesunder Obstsaft fast doppelt so viele Kalorien enthält wie Cola oder Limonade. Nicht zu unterschätzen sind auch die verschiedenen Nüsse und Kerne. Klar sind sie gesünder als eine fettige Wurst, und trotzdem haben sie fast doppelt so viele Kalorien. Ein etwa hundert Gramm schwerer Hamburger hat nur halb so viele Kalorien wie hundert Gramm Nüsse. Auch wenn sein Beitrag zur Gesundheit, im Gegensatz zu den Nüssen, kaum vorhanden ist.

Da ich immer weniger Lust auf die enorme Essensmenge hatte, setzte ich vermehrt Nüsse und Säfte auf meinen Speiseplan, Energieriegel und viele Süßigkeiten. Ansonsten ließ ich mein Mastfutter unverändert.

Ich zählte nicht nur die letzten Tage meines Experiments ungeduldig herunter, sondern jede einzelne Stunde, und nach vier Wochen hatte ich es endlich hinter mir.

Am Schluss wog ich 7,5 Kilo mehr, mein BMI war von 24,8 auf 27 gestiegen, meine Klamotten wurden untragbar eng, und ich keuchte beim Treppensteigen wie ein alter Mann. – Das nenne ich mal konkrete Veränderungen in einer so kurzen Zeit. Der abschließende Arztbesuch ergab, dass meine Blutfettwerte noch schlechter geworden waren und auch die Verfettungsanzeichen meiner Leber zugenommen hatten. Laut Arzt bestand zusätzlich ein erhöhtes Risiko, an Diabetes zu erkranken, hätte ich mein Experiment fortgesetzt. Und das alles nach nur vier Wochen!

Jetzt halbieren wir mal meine tägliche Kalorienmenge von 7000 kcal auf eine Zufuhr von »nur« der Hälfte. Das ist dann schon fast repräsentativ, woran sich erkennen lässt, wie gesundheitsschädlich ein solches Essverhalten langfristig werden kann.

Natürlich wollte ich nach Abschluss der Dreharbeiten mein überschüssiges Gewicht so schnell wie möglich wieder loswerden. Und auch das wurde mit der Kamera begleitet. Weil es die Zuschauer noch mehr interessierte, wie ich es, stellvertretend für sie, wohl anstellen würde, gab ich mir dafür erneut einen Zeitraum von nur vier Wochen.

Und jetzt kommt mein persönliches Rezept, nach dem ich noch heute nahezu wöchentlich gefragt werde: Mal abgesehen von Selbstverständlichkeiten, wie die Nahrungsmenge zu reduzieren, sich hin und wieder sportlich zu betätigen und abends weitgehend auf Kohlehydrate zu verzichten, haben Ärzte und Ernährungswissenschaftler mir folgende Ernährungsumstellung empfohlen, die <u>keine</u> Diät ist. Nach diesem Plan konnte ich mich satt essen und dabei trotzdem abnehmen. Dem vorausgegangen war bei mir eine Stoffwechselanalyse, die man bei vielen Ärzten machen lassen kann. Mein Abnehmplan kann somit unter Umständen bei Ihnen nicht den erwünschten Erfolg liefern, also lassen Sie besser vorher Ihren eigenen Stoffwechsel checken.

Jenkes Abnehmplan

Morgens:
Obst. Ich aß Melonen und viel frische Ananas oder Passionsfrüchte. Von den meisten anderen Obstsorten sollte ich wegen des vielen Fruchtzuckers in dieser Zeit die Finger lassen. Dazu Quark, Naturjoghurt oder Hüttenkäse. Vollkornbrot rührte ich nur 2 bis 3 Mal in der Woche an. Hin und wieder gönnte ich mir ein gekochtes Ei, und den für mich zwingend notwendigen Kaffee trank ich mit fettarmer Milch und Süßstoff.

Mittags:
Gemüse, Gemüse, Gemüse. Nur von Erbsen, Bohnen, Linsen und Rote Bete sollte ich die Finger lassen. Ich stürzte mich auf frische oder tiefgefrorene Fische, denn davon konnte ich essen, so viel ich wollte. Ebenso durfte ich alle Fleischsorten in den Mengen essen, die ich zum Sattwerden brauchte. Auf Kartoffeln, Reis und Nudeln habe ich – bis auf eine Ausnahme pro Woche – verzichtet.

Abends:
Wiederum Fisch oder Fleisch in unbegrenzter Menge. Wiederum Gemüse so viel ich wollte, außer die oben genannten Ausnahmen.

Getränke:
Mineralwasser, alle aufgebrühten Teesorten, Kaffee und abends auch mal Wein.

Nach genau vier Wochen hatte ich die 7,5 Kilo, die ich mir während meines Experiments angefuttert hatte, wieder abgenommen. Nach weiteren zwei Wochen erreichte ich mein Normalgewicht von knapp achtzig Kilogramm.

Wovor sollte ich bei diesem Experiment also Angst gehabt haben? Ich konnte doch absehen, worauf ich mich da einlassen würde. Immer, wenn ich über Projekte nachdenke oder im Privaten Veränderungen erwäge, stelle ich mir eine einzige, für mich ausschlaggebende Frage: Was ist das Schlimmste, was (mir) passieren kann? Ich drösel meine Befürchtungen, Ängste und Zweifel so lange auf, bis ich eine Antwort auf diese Frage gefunden habe. In den allermeisten Fällen stellt sich dann nämlich heraus, dass die Ängste völlig unbegründet sind, weil das schlimmste Anzunehmende überhaupt nicht schlimm ist. Meine Angst wirkt auf einmal sehr banal und kommt mir beinahe lächerlich vor. Dann kann ich angstfrei loslegen.

Durchhalten

»Die Angst ist die andere
Hälfte vom Mut «

Reinhold Messner

Was für ein verrückter Kerl! Als ich nach einer Redaktionskonferenz den Sender verlassen wollte, traf ich ihn nach
genau einem Jahr wieder. Endlich. Er ritt im großen Empfangs-
bereich von RTL auf dem Rücken einer Kuh. Einer Rodeokuh,
um genau zu sein. Mittlerweile kannte ich ihn so gut, dass ich
seine Mimik problemlos deuten konnte. *»Ich habe keinen Bock!«*,
war ihm ins Gesicht gestanzt, und doch wusste ich in diesem
Moment ganz genau, dass er wieder einmal durchhalten würde.
Komme, was wolle. So wie immer, wenn er sich etwas vorgenommen hat.

»Ich kenne nur einen, der sich noch mehr traut als ich: Jenke«, ließ
er mir damals auf die Rückseite meines ersten Buches drucken.
Und ich weiß von keinem, der einen stärkeren Willen hat als er:
Joey Kelly. Aber nicht nur dafür zolle ich ihm meinen größten
Respekt. Er ist auch noch der bescheidenste »Promi«, den ich
kenne. Er ist warmherzig, hilfsbereit, zu jedem freundlich und
völlig auf dem Teppich geblieben, trotz der Wahnsinnskarriere,
die er mit seiner Familie damals hingelegt hat. Es gab Zeiten, da
hatte die Kelly Family Nummer-eins-Hits in acht europäischen
Ländern gleichzeitig, spielte allabendlich in ausverkauften Sta-
dien vor mehr als 40000 Fans und tourte durch die ganze Welt.

Vielen anderen wäre das zu Kopf gestiegen, Joey Kelly nicht.
Als sich die Originalbesetzung der Kelly Family auflöste, stürzte
Joey sich in den Extrem- und Ausdauersport, obwohl er eigent-
lich eher unsportlich war, wie er mir einmal erzählte. Heute lie-

gen über hundert Marathons hinter ihm, und er läuft durch Wüsten und Gletschergebiete. Joey gewann Medaillen beim Ironman und Ultraman und wie die Extremveranstaltungen noch so alle heißen. Wenn ich nur höre, was ein Ultraman-Wettkampf für Disziplinen beinhaltet, wird's mir schwindlig im Kopf: 10 km Schwimmen, 421 km Radfahren und 84 km Laufen. Wobei Letzteres einem Doppel-Marathon entspricht. Ist das nicht ekelig?! Doch Joey zieht das durch. Mit aufgeplatzten Blasen an den Füßen, mit Verletzungen und Schmerzen, bei denen selbst Schmerzmittel ihren Geist aufgeben. Wie schafft er das? Wie gewinnt er regelmäßig den Kampf gegen die Bequemlichkeit, die Vernunft und gegen den inneren Schweinehund, den wir alle in uns tragen?!

Joey, den alle für einen Iren halten, ist eigentlich Spanier, der 1972 in Toledo zur Welt kam. Auch seine Eltern waren keine Iren, sondern US-Amerikaner. Allein sein Großvater kam aus Irland und floh während der großen Hungersnot 1850 in die USA. Wenn man sich die Familiengeschichte der Kellys anschaut, dann war das große Thema wohl immer und bei allen Familienmitgliedern »Das Durchhalten«.

Bei vier Halb- und sieben Vollgeschwistern gab es für Joey keine Alternative, wollte er nicht untergehen. Er besuchte nie eine Schule und schloss auch keine staatliche Schlussprüfung ab. Sein Vater war sein Lehrer und unterrichtete Joey in den Fächern, die er für wichtig und nützlich hielt. Daniel Kelly führte die Familie mit eiserner Hand, um es mal vorsichtig auszudrücken. Er vertraute kaum jemandem und stand der Gesellschaft und ihren Werten und Botschaften sehr kritisch gegenüber. So wuchsen die Kinder ohne Fernseher, Radio und Telefon auf. Ein Eigenbrötler soll er gewesen sein, der das viele Geld der Kelly Family unter Blechen im Boden des Busses oder Hausbootes versteckte, in denen die Familie eine Zeit lang lebte.

Als Joey neun Jahre alt war, starb seine Mutter an Brustkrebs. Sie wurde gerade einmal 36 Jahre alt. Wieder musste der kleine Junge eine Menge durchleben und aushalten. Vater Daniel zog mit den Kindern nach Paris in eine Wohngegend, die man als sozialen Brennpunkt bezeichnet, und schickte seine Kinder täglich auf die Straße, um zu musizieren und Geld zu verdienen. Im Sommer spielten sie auf den Champs-Élysées, im Winter in den Metro-Stationen. Ihr neues Zuhause war ein kleines, heruntergekommenes Hotel.

Während einer solchen Kindheit lernt man, mit Verzicht umzugehen und die eigenen Bedürfnisse hintenanzustellen. Joey blieb nichts anderes übrig, als sich dem strengen Vater und dessen Vorstellungen vom Leben unterzuordnen. In jeder Hinsicht. Auch als der Vater Joey zwang, Musiker zu werden, was der Junge gar nicht wollte – weder hielt er sich für besonders begabt, noch interessierte ihn das Musizieren sonderlich. Wieder einmal war Durchhalten angesagt. Einzelne Kelly-Family-Mitglieder sagten nach dem Tod des Vaters, dass zu seinen Lebzeiten die Individualität eines jeden Einzelnen durch das streng reglementierte familiäre Zusammenleben und -wirken unterdrückt worden sei.

Wie soll man sich da frei entfalten? Gar nicht! Der zunehmende Druck durch ihre Popularität, der Verzicht auf jegliches Privatleben und die Unterdrückung vom Vater blieben nicht ohne Folgen: Einzelne Familienmitglieder litten unter Depressionen und Angststörungen und suchten Halt in Alkohol und Drogen. Auch Vater Kelly war viele Jahre lang alkoholabhängig gewesen.

Vielleicht erklärt diese Familiengeschichte zum Teil, warum nach dem Tod des Vaters einzelne Familienmitglieder Selbstmordversuche unternahmen und völlig aus der Bahn gerieten. Sie waren das Alleinsein nicht gewohnt und hatten ihre Bedürfnisse immer unterdrücken müssen.

Identitätsstörungen! Willkommen im Reich der Identitätsstörungen! Jeder Einzelne musste sich nach dem Tod des Vaters erst einmal selbst suchen. Und finden. Sie schnitten sich die langen Haare ab, wechselten ihren Kleidungsstil und stellten ihr Leben auf den Kopf.

Der eine ging ins Kloster, die andere zog sich völlig aus der Öffentlichkeit zurück, und auch Joey verabschiedete sich weitgehend vom Musikgeschäft. Er tritt zwar ab und zu zu besonderen Anlässen mit einzelnen Geschwistern auf, aber Musik spielt in seinem Leben keine Rolle mehr, sagte er. Er habe sich auch niemals für einen guten Musiker gehalten.

Joey sagte einmal: *»Hätte ich meinen Sport nicht so aktiv betrieben, hätte ich die Kelly Family nicht überlebt.«* Was für ein Statement. Er hatte all die Jahre durchgehalten.

Das erklärt wohl, warum man diesen Mann heute nicht mehr in die Knie zwingen kann. Warum er durchhält gegen jeden Widerstand.

»Es sind nicht die Ereignisse der Gegenwart, die uns zu schaffen machen und uns in Situationen bringen, in denen wir uns selbst nicht mehr verstehen. Es sind die Verletzungen aus der Vergangenheit, die wir in die Gegenwart projizieren, sodass sie uns jetzt im Wege stehen … die Angst von gestern legt sich wie ein Schatten über das Heute«, habe ich in einem sehr interessanten Buch gelesen. Jedes einzelne Wort ist so wahr! (Quelle: »Eifersucht«, Dr. Rolf Merkle, PAL Verlag 2012)

Wann immer ich mit Joey über sein Durchhaltevermögen spreche, spielt er es in seiner bescheidenen Art herunter.

»Wie schaffst du es, mit Schmerzen und blutenden Füßen Dutzende Kilometer weiterzulaufen? Jeder andere würde aufgeben, aus nachvollziehbaren Gründen?«

»Ich weiß es nicht, Jenke. Ich laufe einfach weiter. Ich will gewinnen! Ich mache das nicht nur zum Spaß, ich nehme es ernst. Verdammt ernst. Wenn ich an etwas teilnehme, dann will ich der Beste sein und gewinnen.«

Ich habe diese Eigenschaft nicht. Leider! Natürlich bin auch ich Perfektionist und will meine Sache so gut wie nur möglich machen, aber irgendwann ist bei mir Schluss.

Dann ist es mir den Aufwand, die Schmerzen und die Überwindung nicht mehr wert. Dann räumt sich die Bequemlichkeit in mir ihren Weg frei. Nur wenn es mir um etwas wirklich Wichtiges geht, dann kommt der Joey Kelly in mir durch. Dann laufe auch ich mit blutenden Füßen meinen Weg. Aber das muss schon sehr wichtig sein.

Heißt das, man kann extreme Situationen nur aushalten, wenn man eine beschissene Kindheit hatte und von klein auf zum Nicht-Aufgeben gezwungen war? Nein, ganz sicher nicht. Aber in so einem Fall arbeitet man mit dem Durchhalte-Programm schon sehr viel länger, kennt sich selbst in Ausnahmesituationen und weiß, dass man es schafft. Es schaffen will. Es schaffen muss.

Ich hatte keine schlechte Kindheit, auch wenn ich oft zum Durchhalten und Aushalten gezwungen war. Wie wir alle wohl. Ich habe vor Jahren für mich eine Durchhalteparole gefunden, die mir vieles erleichtert und mir die nötige Kraft gibt, extreme Situationen durchzustehen. Es ist nur ein Satz, aber der hat es in sich. Er ist stark und bringt alles Wichtige auf den Punkt.

Auch die Überfahrt in einem Flüchtlingsboot von der libyschen Grenze nach Lampedusa hat er mich durchhalten lassen, mit ihm im Gepäck verbrachte ich, von sich bekriegenden Drogenkartellen umgeben, eine Woche in Ciudad Juárez, der gefährlichsten Stadt der Welt, um von dort aus zu berichten. Dieser eine Satz half mir beim Fress- und Alkoholexperiment und hat mich selbst die Extremschmerzen am Wehensimulator, an den ich mich während des Frauenexperiments habe anschließen lassen, über zwei Stunden lang ertragen lassen. Die Schmerzen, die durch starke Stromstöße in meinem Unterleib ausgelöst wurden, waren so böse, dass sie mir die Tränen in die Augen getrieben hatten. 120 Minuten lang! Zwischen dem Wimmern habe ich mich immer an diesem einen Satz festgehalten, denn ich wusste, er ist wahr und er wird mir, wie so oft schon, helfen:

Alles geht vorüber!

Da war er schon. Mehr kommt nicht. Ganz schön kurz, höre ich Sie sagen. Ja, stimmt, aber lassen Sie sich diesen Satz mal in aller Ruhe durch den Kopf gehen. Er ist in jedem Lebensbereich anwendbar. In guten wie in schlechten Zeiten. Er lässt uns Situationen leichter ertragen, weil wir wissen, dass sie endlich sind, und er mahnt uns, die schönen Momente des Lebens noch intensiver zu genießen und dankbar für sie zu sein. Denn auch sie werden vorübergehen. Leider.

PS: Joey hat, wie zu erwarten war, seinen Bullenrodeo-Ritt durchgehalten. 24 Stunden lang quälte er sich auf dem elektrischen Gerät und stellte damit einen neuen Weltrekord auf. Nur einer von vielen!

Mein Weg war ein Umweg

»Zu mancher richtigen
Entscheidung kam es nur,
weil der Weg zur falschen
gerade nicht frei war.«

Hans Krailsheimer

Als sich das Ende meiner Schulzeit näherte und sich die Fragen nach meinen beruflichen Plänen häuften, hatte ich nie eine ehrliche Antwort parat. Ich erzählte all den Neugierigen und Besorgten, ich würde Pilot werden wollen oder Botschafter. Ich sagte dies nicht mit voller Überzeugung, aber doch glaubhaft genug, dass man mich in Ruhe ließ. Mensch, ich wusste doch selbst nicht, was ich genau wollte. Da hatte ich den Schulstress hinter mir und schon wurden die nächsten Erwartungen an mich gestellt. Da ich in Mathe ein totaler Pfosten war, lachte meine Mutter über die Pilotenpläne am lautesten, und als Botschafter sah sie mich auch nicht. Sie ließ mir, ich werde es ihr ewig danken, Zeit, mich zu sammeln und mir in Ruhe darüber klar zu werden, womit ich in den nächsten Jahrzehnten gerne mein Geld verdienen würde.

Es gab viele Bereiche, die mich interessierten. Wahrscheinlich zu viele. Und da ich mich bis heute bei allem, was mit einer zu großen Auswahl daherkommt, nur schlecht entscheiden kann, entschied ich mich erst mal gar nicht. Alles im Leben hat seine Zeit, das ist nach wie vor einer meiner Glaubenssätze, und so reduzierten sich all meine Berufswünsche im Laufe der Zeit plötzlich auf nur noch einen: Ich wollte Schauspieler werden.

Ich hatte zu viele Freunde, die sich auf eigenen und den Druck ihrer Eltern zu schnell entschieden hatten und in Berufen landeten, die sie nicht glücklich machten. Sie suchten ihre Befriedigung dann am Wochenende, stürzten sich in Hobbys und auf Partys und blühten immer nur von Freitagabend bis Sonntagabend. Die Tage dazwischen versuchten sie so schnell wie nur möglich hinter sich zu bringen. Dass sie dadurch den Großteil ihres Lebens verpassten, war ihnen nicht klar oder es war ihnen egal. Mir nicht. Niemals. Ich suchte einen Beruf, den ich nicht nur der Sicherheit und des Geldes wegen machen wollte. Ich musste in ihm aufgehen, all meine Talente und Interessen verwirklichen und mich jeden Tag auf ihn freuen können. In puncto Sicherheit und »geregeltes Einkommen« gibt es wohl keine schlechtere Wahl als den Beruf des Schauspielers, des Künstlers im Allgemeinen. Doch möchte man sich selbst verwirklichen, keine bessere. Trotz gewisser Normen und Regeln hat man die volle Bandbreite der persönlichen Entwicklung. Ich als Schauspieler bin mein eigenes Instrument, das ich perfekt beherrschen will und muss. Ich kann aus dem Vollen schöpfen, wenn ich es denn in mir trage.

Der große Nachteil in diesem Beruf ist, dass jede Kritik persönlich ist. Denn es geht ja immer um mich, meine Darstellung, meine Erscheinung, meine Stimme. Mit einer solchen persönlichen Kritik lernt man bereits auf der Schauspielschule umzugehen, das hilft mir bis heute, es nicht zu persönlich zu nehmen, wenn andere mich und meine Arbeit scheiße finden.

Nach der Schauspielschule ging ich ans Theater. Ich startete in der Provinz, in dem kleinen Städtchen Dinkelsbühl, über das man in Theaterkreisen nur lacht, weil das Theaterchen dort so bedeutungslos ist. Für mich jedoch war es rückblickend eine gute Lehre, denn ich lernte, wie und was man nicht spielen sollte. Eine meiner ersten großen Rollen war die eines 60-Jährigen. Muss ich noch mehr sagen? Kein anständiges Theater dieser Welt hätte einem jungen Schauspielanfänger die Rolle eines Greises gegeben. Aber da es im Ensemble von Dinkelsbühl nur einen vom Alter her passenden Kollegen gab, der jedoch in demselben Stück schon einen 70-Jährigen spielen musste, gab man mir die Rolle. Das war sehr amüsant, und ich habe das Stück gerne gespielt, aber ernst zu nehmen war das nun wirklich nicht. Nach dem Schlussapplaus, der für jeden Schauspieler dem Feierabend gleichzusetzen ist, ging in Dinkelsbühl die Arbeit erst richtig los:

Bühne abbauen, LKW beladen, den LKW oft bis zu fünfzig Kilometer zurück zum Theater fahren, das Bühnenbild wieder auspacken und die Kisten mit den Kostümen in die Garderobe bringen. Natürlich mussten wir dort vor jeder neuen Premiere das Bühnenbild bauen, die Kostüme nähen und uns selbst und gegenseitig schminken. Einmal im Monat fuhren wir auch noch in die Stadt und die nähere Umgebung und hängten kleine Plakate für das neue Theaterstück auf. Wochen später waren wir überglücklich, wenn mehr als zwanzig Zuschauer den Weg zu uns gefunden hatten.

Nein, Karriere macht man in Dinkelsbühl nicht. Man sieht als Schauspieler zu, dass man so schnell wie möglich von dort wegkommt. Ich bin mit meiner damaligen Freundin nach einem Jahr abgehauen; zweihundert Kilometer weiter ins Städtchen Hof. Von Mittelfranken nach Oberfranken, immerhin. Das war aus Schauspielersicht kein großer Sprung, aber für uns damals wenigstens ein großes Theater, ein sogenanntes Dreispartenhaus mit Ballett und Oper. In Hof wurden die Rollen und die Inszenierungen ernsthafter, und wir gewannen erstmalig einen angesehenen Theaterpreis.

Doch nach zwei Jahren reichte uns auch Hof, und wir zogen zurück in unsere Heimat Bonn. Ich hatte immer den Wunsch, am dortigen Stadttheater aufzutreten, und dieser Wunsch wurde nun endlich Wirklichkeit. Ich spielte an dem Theater, in das ich schon als kleiner Junge mit der Schulklasse gegangen bin. Was für ein wunderbares Gefühl, verbunden mit einem großen, persönlichen Triumph in meinem Leben. Ich war zu meiner Schulzeit im Fach Deutsch nie einer der Besten. Regelmäßig schrabbte ich zwischen den Noten vier und fünf hin und her und wurde von meinem damaligen Deutschlehrer mit den Worten entlassen: »Also, von der deutschen Sprache solltest du, zumindest beruflich, besser die Finger lassen. Da hast du kein Gespür.« Und plötzlich, Jahre später, stand er vor dem Bühneneingang und hatte auf mich gewartet. Er habe meinen Namen auf dem Plakat gelesen und sich daraufhin die Vorstellung angeschaut und müsse mir ein Kompliment machen, denn die Vorstellung und besonders meine Darstellung hätten ihm sehr gut gefallen. Es täte ihm leid, denn er hätte mit seiner Einschätzung von damals ganz offensichtlich danebengelegen. Das war ein großer Moment für mich, der mir viel bedeutete. Und eine große Geste von ihm, meinem ehemaligen Deutschlehrer.

Die anfängliche Euphorie in Bonn legte sich schnell, und ich zog weiter nach Aachen. Ich spürte zunehmend die Routine an den Theatern dieser Größenordnung. Ein Stück jagte das nächste, und die Inszenierungen wurden immer langweiliger, immer konservativer. Experimentiert hingegen wurde immer seltener, die Intendanten verließen sich lieber auf Bewährtes, auch um der zunehmenden Kritik der Besucher entgegenzutreten und die Abonnenten nicht zu verärgern. Denn von ihnen war man finanziell abhängig. Ich bemerkte, wie mein Interesse allmählich nachließ, und schielte links und rechts des Weges. Ich moderierte nebenbei beim Radio, versuchte mich im Drehbuchschreiben und beschloss eines Tages, eine Pause von der Theaterschauspielerei zu nehmen. Für genau ein Jahr. Ich hatte diesen Beruf zu sehr geliebt, als dass ich ihn gelangweilt ausüben wollte.

Zu diesem Zeitpunkt ahnte ich nicht, dass ich in den kommenden 13 Jahren, also bis heute, nicht mehr ans Theater zurückkehren würde. Denn alles kam anders als gedacht. Es folgte mein persönlicher Umweg, ein nie geplanter Weg, der letztlich zu meinem Traumberuf führte. Einem Beruf, der mich vorher nie interessiert hatte, für den ich mich auch nicht als geeignet betrachtet hatte. Der Beruf des Fernsehjournalisten.

Ein Freund aus Bonner Zeiten, der bei RTL gelandet war, rief mich eines Tages an und bot mir eine Rolle in einer Serie an, in der man mit versteckter Kamera Mitbürgern und Prominenten Streiche spielt. Es war die RTL-Version von dem Klassiker »Verstehen Sie Spaß?«.

Eigentlich hatte ich keine Lust auf so etwas, doch ich mochte meinen Freund, und ich brauchte das Geld. Und so stand ich als vermeintliches Golf-Ass aus den USA auf dem Platz, obwohl ich im Leben zuvor nicht gegolft hatte. Ich sollte den Kursteilnehmern Techniken beibringen, die so absurd waren, dass Tiger Woods auf der Stelle tot umgefallen wäre oder mich mit dem Golfschläger verjagt hätte. Doch die zahlenden Kursteilnehmer kauften mir den Profi ab und verrenkten sich, spielten rückwärts durch die Beine oder legten sich auf den Bauch »… um die Laufstrecke des Balles zu fühlen, mit dem Rasen eins zu werden. Denn nur so könne man den Ball verstehen, und darauf käme es beim Profigolfen schließlich an …!«

Die Sendung war ein Erfolg, und selbst der damalige Chef meines Freundes musste laut lachen, als er den Film sah. Ich bekam weitere Angebote und spielte in etwa fünfzehn Folgen dieser »Versteckten Kameras« mit. Bis eines Tages vom Chef persönlich das Angebot kam, fest zu RTL zu kommen. Als Redakteur, der auch vor der Kamera agiert. Normalerweise ist das ja seltener der Fall. Fernsehredakteure stehen meist hinter der Kamera, sind vielleicht einmal bei einem Interview zu sehen, halten sich in der Regel aber lieber im Hintergrund auf.

Meine Pause vom Theater währte noch kein Jahr, und so nahm ich nach längerer Bedenkzeit das Jobangebot an. Da saß ich plötzlich in einer Fernsehredaktion mit 15 Kollegen, die alle Vollblut-Journalisten waren, es studiert hatten oder vorher schon bei anderen Sendern und Zeitungen gearbeitet hatten. Und ich hatte nicht den blassesten Schimmer. Ich war in der Redaktion von EXTRA gelandet, einem der erfolgreichsten Wochenmagazine im deutschen Fernsehen. Können Sie sich vorstellen, wie groß der Druck war, unter dem ich stand? Es war ein Umweg, der verdammt steinig und uneben war, und ich spielte stündlich mit dem Gedanken, wieder zu kündigen. Doch es kam auch der Joey Kelly in mir durch, der sagte: Durchhalten! Wenigstens ein Jahr.

Mein erster Beitrag für EXTRA wurde nie gesendet. Obwohl ich mehrere Tage lang gedreht hatte und die Geschichte der Hamburger Bahnkontrolleure, die, dem Militär ähnlich, mit bis zu 60 Mann die S-Bahnen stürmten, interessant war, befriedigte meine Chefs das verfilmte Ergebnis nicht. Und so verharrte ich wieder an meinem Schreibtisch auf der Suche nach guten Geschichten und spürte, wie die Ladehemmungen von Tag zu Tag größer wurden. Von Tag zu Tag fühlte ich mich unwohler und sehnte mich zurück zum Theater in mein bekanntes und sicheres Gewässer. Dieser Redaktionsalltag war einfach nicht mein Ding. Doch eines Tages (Alles hat seine Zeit! ☺) entdeckte ich eine Geschichte, die mich ganz besonders fesselte.

An der Grenze zwischen Thailand und Myanmar lebt auch heute noch ein Stamm, dessen Frauen lange Messingringe um den Hals tragen. Mit jedem Lebensjahr wird dieser Ring verlängert, sodass die Frauen im Laufe ihres Lebens extrem lange Hälse bekommen, was ihnen den Namen »Giraffenfrauen« eingetragen hat. Was früher eine Tradition dieser Padaung-Frauen war, ist heute ein einträgliches Geschäft. Aber nicht für die Langhalsfrauen, denn sie bekommen nur einen Bruchteil des Eintrittsgeldes, das Touristen bezahlen müssen, um diesen »Menschenzoo« besuchen zu dürfen.

In der Redaktionskonferenz beschlossen wir, uns auf diesen Aspekt zu konzentrieren, und mein Chef schickte mich nach Thailand. Damit bewies er großes Vertrauen in mich, vielleicht spürte er aber auch, dass ich ein Wackelkandidat in der Redaktion war, und wollte mich so zum Bleiben überreden. Ich reiste mit meinem Kameramann nach Mae Hong Son und drehte meine erste wirklich gute Reportage. Mir gelang es sogar, unter ärztlicher Aufsicht, eine 35-jährige Padaung-Frau zu beobachten, die zum ersten Mal in ihrem Leben die Halsringe abnahm, um sich im Nachbarort röntgen zu lassen. Seit Jahren litt die Frau unter starken Halswirbelschmerzen, konnte sich aber die ärztliche Untersuchung nicht leisten. Wir kamen für die Arztrechnung auf und durften ihre Untersuchung dokumentieren. Die spannenden und bis dato ungeklärten Fragen waren: Haben diese Frauen wirklich längere Hälse? Zieht das Verlängern des Messingrings den Kopf im Laufe der Jahre in die Höhe? Oder ist das alles nur eine optische Täuschung?

Im dunklen Morgengrauen verließen wir das Dorf über einen kleinen Feldweg, um die Frau vor den kritischen Blicken der anderen Dorfbewohner zu schützen. Als Padaung nimmt man nicht einfach seine Halsringe ab und schon gar nicht vor Fremden. Es dauerte über eine Stunde, bis die uns begleitende Dorfälteste den fünf Kilo schweren Ring vom Hals der Frau abgewickelt hatte, wie Draht von einer Spule. Die Haut, die darunter zum Vorschein kam, sah sehr geschunden aus. Übersät mit blauen Flecken, schwarzen dauerhaften Hautverfärbungen und einem sichtbaren Hautpilz, wirkte der Hals plötzlich zerbrechlich dünn. Es fehlte die stützende Nackenmuskulatur, die sich durch das Tragen der schweren Ringe im Laufe der Jahre zurückgebildet hatte. Oder gar nicht erst aufgebaut hatte, bedenkt man, dass man den Padaung-Mädchen im Alter von nur fünf Jahren die Messingringe erstmalig anlegt.

Verängstigt, unsicher und ihren dünnen Hals mit beiden Händen stützend, stand die Langhalsfrau vor dem Röntgengerät und wusste nicht, wie ihr geschah. Es war ihr erster Arztbesuch überhaupt, und diese klickende große Maschine irritierte sie sehr. Der Radiologe stellte eine Wirbelblockade bei ihr fest, der Grund für ihre starken Schmerzen. Er verordnete Massage und den Besuch bei einem Physiotherapeuten.

Der Arzt war fasziniert von dieser Patientin, denn obwohl er nur wenige Kilometer vom Dorf der Frauen entfernt lebte, hatte er bis zu dem Zeitpunkt nie die Gelegenheit gehabt, eine Langhalsfrau gründlich zu untersuchen. Auch er wollte das Rätsel mit dem scheinbar gestreckten Hals lösen und untersuchte sie penibel gründlich.

Nachdem der Arzt die Patientin medizinisch versorgt, den Hals mit pflegenden Cremes eingerieben und ihr Schmerztabletten in die Hand gedrückt hatte, legte die Dorfälteste den langen Ring wieder um den Hals der Frau, die sichtbar erleichtert aufatmete. Mich bat er in einen Nebenraum und erklärte mir das Röntgenbild.

Diese Frauen hätten keine längeren Hälse. Es sei eine optische Täuschung, weil das Gewicht der Ringe das Schlüsselbein von einer nahezu waagerechten Haltung in eine nach links und rechts abfallende Verformung drücken würde. Wie ein Dreieck verlängert es die Optik des Halses, der dadurch viel länger wirkt, es aber nicht ist. Rätsel gelöst! Ich war froh, eine spannende Geschichte erzählen zu können, und die Langhalsfrau hatte endlich eine Erklärung für ihre starken Schmerzen und würde in Zukunft gezielte Entspannungsübungen machen, um ihr Leid zu lindern. Sie war darüber so happy, dass sie mich noch Jahre später zu allen möglichen Anlässen per Brief in ihr Dorf einlud.

Meine Reportage über die Langhalsfrauen wurde ein großer Erfolg, und mein Chef erkannte, wo genau meine Stärken lagen. Von da an schickte er mich immer wieder hinaus in die Welt, um außergewöhnliche Geschichten zu erzählen. Ich hatte meinen Weg gefunden und entdeckte die Liebe zu diesem Beruf. Ich bereiste die Welt und konzentrierte mich auf die ungewöhnlichen, nahezu unbekannten Geschichten. Meine große Neugier und meine Abenteuerlust waren der Motor, der mich auch immer wieder an gefährliche Orte trieb. Nicht, weil man es von mir verlangte, sondern weil ich es unbedingt wollte.

In die gefährlichste Stadt der Welt reisen, um vom Alltag der Menschen dort zu berichten? Interessiert mich, mache ich.

Die große Lüge von Fukushima aufdecken und sich ins Sperrgebiet einschleusen? Interessiert mich, mache ich.

Die Flucht verzweifelter Menschen von Tunesien nach Lampedusa auf dem Boot begleiten? Interessiert mich, mache ich.

Mit Sicherheit schütteln nicht nur Kollegen verständnislos die Köpfe, wenn sie von meinen Reportagen hören, doch das beeinflusst mich nicht. Mich interessieren diese extremen Geschichten, und auch wenn immer eine unkalkulierbare Gefahr bleibt, stürze ich mich nicht naiv ins Geschehen wie ein Kamikaze-Flieger. Ich recherchiere gründlich, bereite mich bestmöglich vor und habe einen Notfallplan in der Tasche.

Auf die investigativen Reportagen folgte meine erste eigene Rubrik in EXTRA:

»Jenke als ...«, in der ich weltweit Berufe dokumentierte, die ich selbst für ein, zwei Tage ausübte. Vom Rikscha-Fahrer in Kalkutta über den Beruf des Paparazzo in Hollywood und des Gondoliere in Venedig bis zum Schwefelminenarbeiter in Indonesien, dem Kohleschlepper in Berlin und dem Glühbirnenwechsler in Las Vegas war alles dabei, was ungewöhnlich und spannend schien.

Nach knapp fünfzig Berufen weltweit entwickelten wir das »Jenke-Experiment«, eine Serie, in der wir versuchen, die Zuschauer für gesellschaftlich relevante Themen zu öffnen, von denen sie glauben, schon alles zu wissen. In jeder Folge unterziehe ich mich einem Experiment zum Thema. Ich fraß mir Übergewicht an, übernahm die Rolle einer alleinerziehenden Mutter von drei Kindern und mit Job in der Spülküche, ich trank vier Wochen lang intensiv Alkohol, zog in ein Seniorenheim, lebte als Obdachloser auf der Straße und ließ mich in einem Geburtshaus unter Wehen setzen.

So zu arbeiten, diese Art von Geschichten zu erzählen, macht diesen Beruf für mich zu meinem Traumberuf. Ich habe meine Nische gefunden. Mein Umweg führte mich zu meiner persönlichen Hauptstraße. Und diese Hauptstraße wurde in den vergangensen Jahren für mich zu einer gut ausgebauten Autobahn. Ich habe mein Glück gefunden und habe Karriere gemacht. Heute habe ich mit »Das Jenke-Experiment« und dem Talkformat »Jenke – Ich bleibe über Nacht« zwei eigene Sendungen, bin glücklicher Gewinner diverser Medienpreise und für die Zuschauer zu einem ernst zu nehmenden Fernsehjournalisten geworden. Mehr geht nicht!

Das meine ich mit Umwegen, die zum Erfolg führen, die glücklich machen und vorher völlig undenkbar waren.

Denken Sie quer!

Schauen Sie auch rechts und links des Weges.

Haben Sie Mut!

Die Königsdisziplin: Bedürfnisse äußern

> »Es verlangt viel Mut, zu sich selbst zu stehen und seine Wünsche zu kommunizieren!«
>
> Bianca Bohlmann

Ich habe ein Bedürfnis!
Sie auch, stimmt's?

Und wahrscheinlich haben Sie nicht nur eins, sondern gleich mehrere. So wie ich. Und doch haben wir immer wieder Angst, unsere Bedürfnisse zu äußern. Aus Sorge, abgelehnt zu werden, egoistisch zu sein, für pervers gehalten zu werden oder weil wir befürchten, unsere eigene Weltsicht sei vermeintlich nicht konform mit unserem Wirkungskreis. Doch unerfüllte Bedürfnisse und unausgesprochene Wünsche nagen in uns. Sie können vielleicht eine Zeit lang unterdrückt werden, aber irgendwann wollen und müssen sie raus. Sonst werden wir nicht glücklich und versperren uns vor uns selbst.

Es geht nicht immer nur um die großen Gefühle, auch die kleinen Bedürfnisse wollen verwirklicht werden. Das geht in einer Beziehung schon damit los, dass man sich Zeit für sich selbst nimmt, wenn man das Bedürfnis hat, von Zeit zu Zeit alleine zu sein oder mit anderen etwas zu unternehmen. Bei vielen Paaren sorgt bereits das für eine miese Stimmung, weil der andere sich zurückgesetzt fühlt, eifersüchtig ist oder dieses Bedürfnis nicht nachvollziehen kann, weil er es selbst nicht spürt.

Ich hatte eine langjährige Beziehung, in der genau das der Fall war. Anfangs führten wir eine Fernbeziehung und sahen uns nur an den Wochenenden. So blieb jedem genügend freie Zeit für sich, und die Sehnsucht kam auch nicht zu kurz. Nachdem meine damalige Freundin dann zu mir nach Köln gezogen war, anfangs noch in ihre eigene Wohnung, tauchten die ersten Missstimmungen auf. Sie wollte jede freie Minute mit mir verbringen und ließ mich wissen, dass sie nur dann glücklich sei.

So etwas zu hören ist natürlich sehr schmeichelhaft, ich spürte aber auch, wie es mich unter Druck setzte. Denn ich gehörte schon immer zu den Menschen, die auch sehr viel Zeit für sich allein brauchen. Ich muss mich zurückziehen können, mein eigenes Ding machen und brauche regelmäßig Abstand, um mich wieder auf mich besinnen zu können. Als ich bemerkte, wie unglücklich es sie machte, wenn ich allein sein wollte, unterdrückte ich mein Bedürfnis und verbrachte jede freie Minute mir ihr. Das wiederum machte sie glücklich und mich unzufrieden. Das konnte auf Dauer nicht gut gehen, und ich sendete damit unbewusst ein falsches Signal. Denn jetzt wollte sie auch noch während meiner Arbeitszeit den Kontakt mit mir so oft wie möglich. Sie rief mich mehrmals am Tag an, obwohl sie eigentlich nichts zu berichten hatte. Als ich ihr gestand, dass mich das stören würde, reagierte sie enttäuscht, beschränkte sich kurze Zeit lang auf nur einen Anruf am Tag, um kurze Zeit später wieder in die alte Taktung zurückzufallen. Ich hatte immer wieder versucht, ihr vorsichtig zu erklären, dass sie es bitte nicht persönlich nehmen solle, doch schließlich lenkte ich ein und unterdrückte mein Bedürfnis. Es blieb immer ein Problem zwischen uns.

Erinnern sie sich noch an Jonas? Den BIID-Patienten aus dem Kapitel »Verpasste Lebenszeit«? Schon als kleiner Junge hatte er das Bedürfnis, sich sein Bein nach hinten zu binden, damit es so aussieht, als sei es amputiert worden. Er ist seinem Bedürfnis bis heute nicht nachgekommen, unterdrückt es nach wie vor und leidet dadurch Höllenqualen.

Welches Bedürfnis unterdrücken Sie? Welche Wünsche, und ich meine jetzt hier keine materiellen Wünsche, tragen Sie in sich und trauen sich doch nicht, sie auszusprechen? Haben Sie sich in jemanden verliebt und scheuen davor zurück, es ihm zu sagen? Haben Sie sich in jemanden verliebt und scheuen davor zurück, es Ihrem Mann oder Ihrer Frau zu sagen? Wollen Sie mehr Sex oder anderen Sex und haben nicht den Mut, es zu äußern? Sind Sie sich im Klaren darüber, dass Ihr Partner oder Ihre Partnerin Ihre wichtigen Bedürfnisse nicht befriedigen kann, und trotzdem trennen Sie sich nicht? Haben Sie das Bedürfnis, Ihren Job zu wechseln, eine neue Herausforderung zu suchen, doch es fehlt Ihnen der Mut dazu?

Was hindert uns daran, unsere Bedürfnisse zu äußern? Warum stecken wir lieber zurück, anstatt ein glückliches, befriedigendes und selbst erfülltes Leben zu führen?

Weil wir wieder einmal Angst haben. Angst, abgelehnt zu werden, den Partner oder die Partnerin zu verlieren, Angst vor Reaktionen, Kritik, Unverständnis und den Konsequenzen aus alledem. Ja, seine Bedürfnisse zu äußern, verlangt verdammt viel Mut und Kraft. Aber es ist seinen Preis wert, denn wir zahlen ihn auf unser eigenes Konto ein. Für unser Glück. Es ist unser Leben.

Die meisten Veränderungen, die ich aus einem Bedürfnis heraus beschlossen hatte, waren eine ganze Weile lang schmerzhaft. Im Laufe der Zeit verbreiteten sie jedoch immer mehr Glücksgefühle, Bestätigung und Respekt vor mir selbst. Und doch bleibt es schwer, seine Bedürfnisse und Wünsche zu äußern, für sich selbst ihre Erfüllung einzufordern. Das weiß ich nur zu gut.

Es gab eine andere Frau in meinem Leben, in die ich verliebt war, obwohl ich von Anfang an spürte, dass sie nicht die Richtige für mich ist. Sie war sehr attraktiv und doch nicht mein Typ. Sie hatte viele wundervolle Eigenschaften, nach denen andere Männer bei einer Frau ein Leben lang suchen. Ich hatte mir, und diese Ehrlichkeit gestand ich mir viel zu spät ein, etwas anderes gewünscht. Einen anderen Typ Frau. Mir fehlte die Gewissheit, die Frau gefunden zu haben, die das Universum oder wer/was auch immer genau für mich vorgesehen hatte. Einen Menschen, von dem man sofort weiß: Das ist er. Das ist genau die Richtige. Und doch bin ich meinem Bedürfnis nicht gefolgt. Habe das Problem bei mir gesehen, mich infrage gestellt und einen Kompromiss gelebt. Als mir endlich klar wurde, dass mir die Gewissheit fehlt und dass sie auch nicht nachträglich eintrudeln würde, war schon eine lange Zeit vergangen. Zu viel Zeit.

Es fing an zu kriseln. Aber nur von meiner Seite aus. Meine Freundin spürte meine Unzufriedenheit und sprach mich darauf an. Und was tat ich? Ich hatte nicht den Mut, ihr die Wahrheit zu sagen, sehnte mich aber nach einer anderen Frau, die ich zu dem Zeitpunkt noch gar nicht kennengelernt hatte. Es vergingen noch viele Monate, bis wir uns schließlich trennten. Den wahren Grund hat sie nie erfahren. Ich hatte ihr nie die Chance gegeben, mich zu verstehen. Auch wenn sie nichts hätte ändern können. Ich wollte sie vor der Wahrheit verschonen. Was ich rückblickend auch als die richtige Haltung betrachte, und doch hätte ich viel früher die Reißleine ziehen müssen. Um sie und mich zu schonen. Und um ehrlich zu mir zu sein.

Bei meiner darauffolgenden Freundin passierte genau dasselbe. Verhielt ich mich exakt so wie bei ihrer Vorgängerin. Ganz schon dämlich, oder?! Nur, dass diese Beziehung noch länger dauerte. ☺ Sie sehen, auch ich bin ein sogenannter »Arschlerner«. Ich muss es selbst erlebt und erlitten haben, um meine Lehren daraus zu ziehen.

Wenn ich mich in meinem Freundes- und Bekanntenkreis umschaue, erblicke ich ausschließlich Menschen, die ihre für sie ganz wichtigen Bedürfnisse nicht äußern. Die Frauen unter ihnen flüchten gedanklich in eine Traumwelt, und die Männer haben zum Teil schon resigniert. Beide reden sich ihre Beziehung schön und sind im Geiste doch ständig auf der Flucht.

Das Gewohnte, die Sicherheit und natürlich auch jede Menge Gefühle lassen uns an Menschen festhalten, obwohl wir wissen, dass diese unsere Bedürfnisse nicht erfüllen können oder wollen. Dass sie, genau betrachtet, nicht die Richtigen für uns sind. Natürlich immer vorausgesetzt, wir haben uns ihnen gegenüber auch unmissverständlich mitgeteilt.

Ich habe einen Bekannten, dessen großes Bedürfnis es war, regelmäßig mit anderen Frauen zu schlafen. Doch er war in einer langjährigen Beziehung, und der Sex mit seiner Freundin soll, nach seiner Aussage, gut und regelmäßig gewesen sein. Anfangs konnte er sich sein Bedürfnis noch verkneifen, aber er fühlte den Druck in sich ansteigen wie in einem brodelnden Kessel. Es dauerte nicht lange, bis er das erste Mal fremdging. Sein schlechtes Gewissen meldete sich, hielt ihn aber nicht davon ab, sich weiterhin mit der anderen Frau zu treffen. Als er mir davon erzählte, fragte ich ihn, warum er nicht mit seiner Freundin offen darüber reden würde. Es schien ihm doch offensichtlich in der Beziehung mit ihr etwas zu fehlen.

»Was soll ich ihr denn sagen? Dass ich gerne mit anderen Frauen ins Bett gehen möchte? Das ist doch nicht dein Ernst, Jenke!«

»Warum denn nicht?! So gibst du ihr wenigstens die Chance, darauf zu reagieren. Vielleicht hat ja auch sie Wünsche und Bedürfnisse, die du nicht erfüllen kannst?«

»Davon hätte sie mir erzählt!«, antwortete er verständnislos.

»So, wie du ihr von deinem Bedürfnis erzählt hast?!«

Wie oft höre ich von Männern, dass sie ihre Frauen betrügen, weil sie nicht den Mut aufbringen, Wünsche und Fantasien konkret anzusprechen. Frauen haben mir andersherum allerdings auch schon von ihren Affären berichtet. Auch sie gehen natürlich fremd. Es gehören halt immer beide Geschlechter dazu.

Anders scheint es bei homosexuellen Paaren zu sein. Da wird die Sexualität oftmals offener diskutiert und gelebt. Warum eigentlich? Die schwulen Freunde und Kollegen, die ich darauf angesprochen habe, erklärten mir, dass es ihnen leichter fiele,

Sex und Gefühl zu trennen, da das Ausleben körperlicher Bedürfnisse bei ihnen eine größere Rolle spiele und man offener damit umginge. Ob es daran liegt, dass ihre Sexualität eine männliche ist, von der man ja weiß, dass sie sich von der weiblichen in vielen Bereichen stark unterscheidet? Mit ziemlicher Sicherheit, ja. Und doch will ich nicht Homosexuelle auf ihre sexuelle Ausrichtung reduzieren, und ich kenne auch schwule Paare, die monogam und treu leben wie andere Paare auch.

Als ich meinen Bekannten nach längerer Zeit wiedertraf, war er immer noch mit seiner Freundin zusammen, und die Zahl seiner Seitensprünge hatte sich mittlerweile auf rund sechzig erhöht. Mit etwa vierzig verschiedenen Frauen. Es kam, wie es kommen musste, seine Freundin hatte davon erfahren. Sie war natürlich am Boden zerstört, zutiefst gekränkt und völlig überrascht. Bevor sie sich von ihm getrennt hat, wollte sie die ganze Wahrheit wissen und bat um schonungslose Offenheit. Und wieder hat er nichts von seinem Bedürfnis erzählt, sondern spielte die Zahl seiner Affären herunter und log seine Freundin auch diesmal an. So eine Beziehung konnte keine Zukunft haben.

Er gestand mir des Öfteren, dass er sich besser gefühlt hätte, wenn seine Freundin auch fremdgegangen wäre. Die Vorstellung war für ihn völlig in Ordnung. Ob er sich damit sein schlechtes Gewissen erleichtern wollte, ob ihn die Vorstellung erregt hätte und ob er es wirklich ertragen hätte, bleibt dahingestellt, denn es ist ja nicht passiert. Sie hat ihn verlassen. Aber als ich ihn nach etwa einem Jahr wieder sprach, waren die beiden erneut ein Paar. Sie hatten zwischenzeitlich sogar geheiratet. Verrückte Welt, oder?!

Natürlich war meine erste Frage, ob er ihr mittlerweile treu sei und wie es um seine Bedürfnisse stünde. Er lebe jetzt monogam, versicherte er mir. Aus Angst? Aus Überzeugung? Befriedigt? Ich habe es bis heute nicht erfahren.

Eine Frage bleibt im Raum stehen: Wie hätte er sich seiner Freundin gegenüber verhalten sollen, als ihm sein Bedürfnis bewusst wurde, mit anderen Frauen schlafen zu wollen? Darauf gibt es meiner Meinung nach nur eine Antwort: Auch wenn es viel Mut benötigt hätte und er ein gewaltiges Risiko eingegangen wäre, denn er liebte seine Freundin, hätte er es ihr sagen müssen. So hatte er eine Beziehung gelebt, die auf einer Lüge und jeder Menge Unehrlichkeit aufgebaut war. Das konnte für beide nur unbefriedigend ausgehen.

»Wenn ich es ihr sagen würde, dann würde sie mich doch verlassen«, gestand er mir einmal. »Das will ich aber nicht, weil ich sie liebe!«

Ja, es erfordert verdammt viel Mut und Kraft, zu sich selbst zu stehen und um seine Bedürfnisse zu formulieren. Auch sich selbst gegenüber. Dem geht natürlich die Erkenntnis voraus, was genau es für das persönliche Glück und die eigene Zufriedenheit bedarf. Wenn das geklärt ist und wenn man ein wirklich erfülltes Leben leben will, dann muss man Verantwortung übernehmen und die Konsequenzen aushalten. Denn nur dann besteht die Chance, dass sich Wünsche erfüllen. Klingt einfacher, als es ist. Ist aber leider alternativlos!

Denn sonst wird die eigene Unzufriedenheit immer größer, für die der Partner ja überhaupt nichts kann. Solange man sich ihm gegenüber nicht geöffnet hat, traut man ihm die Kompetenz nicht zu und gibt ihm keine Möglichkeit zu reagieren. Und wer sagt denn, dass der Mensch, den man liebt, mit den jeweiligen Bedürfnissen und Wünschen nicht umgehen kann? Woher bezieht man seine Gewissheit, wenn man es zuvor nie probiert hat?

Vielleicht entsprechen die eigenen Bedürfnisse nicht den Bedürfnissen des anderen. Das ist sogar sehr wahrscheinlich. Vielleicht aber doch. Und vielleicht ist der andere viel mehr bereit, sich mit diesem Thema auseinanderzusetzen, als man es ihm zutraut.

Immer nur woanders sein Glück und die schnelle Erfüllung zu sehen, kann doch auch nicht das Wahre sein. Sprechen Sie es an, auch wenn Ihnen Ihre Bedürfnisse peinlich erscheinen mögen und Sie zu schüchtern sind, ein solch intimes Gespräch zu führen. Oder schreiben Sie es auf und legen es dem anderen als liebevoll formulierten Brief hin.

Doch wenn man sich mitgeteilt hat und erkennt, dass der andere die Bedürfnisse nicht akzeptieren mag oder kann, sich verschließt und zurückzieht, sollte man seine Konsequenzen treffen. Und es wird Konsequenzen haben. Man muss die Enttäuschung des anderen aushalten, seine Tränen und jede Menge Vorwürfe. Auch das Verlassenwerden und das darauffolgende plötzliche Alleinsein muss man ertragen, wenn man sich selbst treu bleiben will.

Ich habe das am eigenen Leib erfahren, und die Monate nach der Trennung waren für mich sehr schmerzhaft. Ich konnte kaum schlafen, mein Herz schlug so schnell und unruhig, dass ich es im Schädel klopfen hörte, und immer wieder habe ich an der Richtigkeit meiner Entscheidung gezweifelt. Doch alles hat seine Zeit. ☺ Der Schmerz verging und nahm die Zweifel gleich mit. Und heute weiß ich, dass es die einzig richtige Entscheidung damals war. Ich hatte zurück zu mir gefunden.

Heute lebe ich in einer sehr glücklichen Beziehung. Ich habe die Frau getroffen, nach der ich immer gesucht hatte. Meine Traumfrau, Mia. Von Anfang an habe ich meine Bedürfnisse geäußert und mich ebenso für ihre Bedürfnisse geöffnet. Mia und ich sind uns einig: Für uns ist es die einzige Möglichkeit, eine glückliche, ehrliche, lebendige und für uns beide befriedigende Beziehung zu leben.

Sie schaffen das auch!

Zivilcourage

»Die reinste Form des
Wahnsinns ist es, alles beim
Alten zu lassen und gleichzeitig
zu hoffen, dass sich etwas
ändert.«

Albert Einstein

Niemand weiß genau, wie lange er noch zu leben hat. Er nicht und die Ärzte, die ihn in letzter Zeit immer häufiger untersuchen, auch nicht. Für Messami Yoshisawa spielt das keine Rolle, denn er weiß, dass er viel früher sterben wird, als sein Lebensplan es vorhergesehen hatte. Und er weiß, dass er seinen früheren Tod mit zu verantworten hat. Das weiß er seit dem 11. März 2011.

Es war der Tag, als in Fukushima ein starkes Erdbeben in drei Reaktoren des Kernkraftwerkes eine Kernschmelze auslöste, die sehr große Mengen an radioaktivem Material freisetzte (etwas mehr als das Doppelte von Tschernobyl). Luft, Böden, Wasser und Nahrungsmittel wurden kontaminiert, und etwa 150000 Menschen begaben sich auf die Flucht, weil ihre Heimat von einem auf den anderen Tag unbewohnbar wurde.

Genau ein Jahr nach der Katastrophe, die von der japanischen Atomaufsichtsbehörde mit der Höchststufe 7 eingeordnet wurde, bin ich mit meinem Kameramann nach Fukushima gereist. Ich wollte eine Reportage zum ersten Jahrestag drehen und mit den Menschen vor Ort sprechen, die Zeugen waren. Und ich wollte herausfinden, ob die Strahlenwerte, die der Betreiber der Atomanlage TEPCO an die Bürger weitergab, realistisch oder eher geschönt waren. Um es vorwegzunehmen: Sie waren geschönt und verharmlost dargestellt.

Wie lebt es sich an so einem Ort? Wie kann man ruhig schlafen mit seinen Kindern, in einem Gebiet, das radioaktiver Strahlung ausgesetzt ist? Selbst ein Jahr danach ahnt man noch, wie gewaltig die Kraft war, mit der die Natur ihre Faust auf die japanische Ostküste geschlagen hat. Die Menschen ließen an Ort und Stelle fallen, was sie gerade in den Händen hielten, rannten schreiend davon. Männer, Frauen, Kinder. Immer wieder sah ich Kuscheltiere herumliegen, persönliche Gegenstände, gerahmte Familienfotos.

Allein die meterhohen Tsunamiwellen, so weiß man heute, rissen 20000 Menschen in den Tod. Ich habe Menschen getroffen, deren Leben sich seit dem Unglückstag radikal verändert hat. Einen 22-jährigen Arbeiter zum Beispiel, der an dem Tag auf dem Reaktorgelände Dienst hatte, oder eine junge Mutter, die nur wenige Wochen später mit ihren Kleinkindern aus einer sicheren Region nach Fukushima zog, weil ihr Mann dort plötzlich Arbeit bekam und um ein Zeichen zu setzen. Ich sprach mit deutschen Technikern einer Firma vor Ort, die gerade verzweifelten, weil ihre Wundermaschine, mit der sie die kontaminierten Straßen reinigen wollten, nicht funktionierte.

Wie bei jedem Einsatz, der Gefahren birgt, hatte ich im Vorfeld mit Experten gesprochen, um mich verantwortungsvoll zu verhalten und um mich und meinen Kameramann vor zu hoher Strahlung zu schützen.

Während wir uns dem Reaktorgelände näherten, schauten wir gebannt auf den Geigerzähler mit Dosimeter, beobachteten die kleinste Veränderung. Die Strahlenwerte stiegen leicht, als wir uns der provisorischen Kommandozentrale des Kernkraftwerks näherten, dem berüchtigten J-Village. Das lag nur 18 Kilometer von den strahlenden Reaktoren entfernt am Rande des Sperrgebiets. Von der Außenwelt streng abgeschirmt, waren dort die Aufräumarbeiter untergebracht, die Ingenieure und Facharbeiter. Fremden war das Betreten des Dorfes verboten. Es war von allen Seiten mit hohem Polizeiaufkommen abgesperrt, an ein Reinkommen war nicht zu denken.

An jedem nur möglichen Zugang schickte man uns weg. Sie wollten keine Journalisten um sich haben. Wir versuchten es weiter und fanden schließlich einen kleinen Privatweg, der nicht gesichert war. Plötzlich standen wir mitten zwischen den Wohncontainern der Männer, die am Reaktor den radioaktiven Müll wegräumen mussten.

Genau da wollte ich hin. Ich hatte weniger als zehn Minuten Zeit für mein Interview mit einem redseligen jungen Mann, den ich einfach angesprochen hatte. Er hatte am Katastrophentag Dienst auf dem Reaktorgelände und wurde noch ein Jahr danach, zum Zeitpunkt meines Interviews, jeden Tag dorthin zurückgebracht, um als Ingenieur die Anlage abzuwickeln. Ich hatte noch so viele Fragen an ihn, aber plötzlich rückte der Sicherheitsdienst an und vertrieb uns unter Androhung hoher Strafen. Jemand hatte uns angeschwärzt.

Immer, wenn uns der Zugang zu interessanten Orten, Anlagen und Gebäuden versperrt wurde, geschah dies mit der Begründung, dass man uns schützen wolle. Der Aufenthalt dort sei zu gefährlich. Ich aber hatte vielmehr den Eindruck, dass die Verantwortlichen sich dort nur selbst schützen wollten, nämlich vor weiterer Berichterstattung. Die japanische Regierung und der AKW-Betreiber TEPCO wollten keine schlechten Nachrichten mehr. Sie wollten keine neugierigen Besucher, niemanden, der weiterhin unzensiert Fotos und Filmmaterial in aller Welt verstreute. Und sie spielten nicht mit offenen Karten. Weder der Weltöffentlichkeit gegenüber, noch ihrer eigenen Bevölkerung gegenüber. Nicht einmal den Arbeitern auf dem Gelände sagte man die Wahrheit. Man versuchte sie sogar zu täuschen, indem die japanische Regierung den Grenzwert der Strahlung nach dem Unglück kurzerhand hochsetzte. Und zwar gleich auf das Zweieinhalbfache. Was früher als riskant galt, liegt somit plötzlich im Normbereich. Man versuchte die Arbeiter zu beruhigen, stellte ihnen gepanzerte Fahrzeuge zur Verfügung,

Atemmasken und Sicherheitsanzüge. Doch das hohe Strahlenrisiko für die Männer blieb.

Während meines Aufenthaltes in der Präfektur Fukushima erfuhr ich von Messami Yoshisawa, einem Viehwirt, der sich partout weigerte, sein verstrahltes Gelände zu verlassen. Er lebte mit etwa dreihundert Rindern auf einer Farm, die mitten im Sperrgebiet, in ständigem Sichtkontakt zu den Reaktoren, lag. Es hieß, er ließe niemanden zu sich. Selbst die Polizisten, die regelmäßig in ihren Strahlenschutzanzügen auftauchten und versuchten, ihn zum Verlassen seiner Farm zu zwingen, schienen machtlos. Es war sein Privatgelände, und er vertrieb sie. Diesen Mann wollte ich treffen. Wer bewusst ein solch hohes Risiko eingeht, der muss starke Prinzipien haben.

Der Weg zu ihm führte durch die Stadt Fukushima, etwa sechzig Kilometer vom Kernkraftwerk entfernt. Über der Stadt entleerten sich nach dem Unglück riesige graue Wolken, gefüllt mit Radioaktivität, die sie über dem Kernkraftwerk aufgesaugt hatten. Seitdem haftet Fukushima ein tödlicher Beigeschmack an, und sein Ruf ist ruiniert. Für die nächsten Jahrzehnte, denn so lange werden sich die radioaktiven Stoffe im Boden festkrallen, krank machen und töten. Mehrere Tausend Bewohner hatten die Stadt verlassen, wollten auf den Friedhöfen von Fukushima-Stadt nicht einmal mehr begraben sein. Auch wenn die Strahlenbelastung inzwischen zurückgegangen war, maß ich zwischen den Gräbern immer noch radioaktive Werte, die 18-mal höher waren als in Deutschland erlaubt.

Ich traf den renitenten Viehwirt außerhalb des Sperrgebietes. Mein japanischer Übersetzer hatte den Kontakt hergestellt und von mir, dem verrückten deutschen Fernsehjournalisten, gesprochen, der ihn unbedingt interviewen wolle. Das hatte Messami Yoshisawas Interesse geweckt, und er erklärte sich bereit, mich auf einen Tee zu empfangen. Der 58-Jährige sah nicht krank aus. Ganz im Gegenteil. Er hatte eine gesunde Gesichtsfarbe und rote Bäckchen. Er sprach mit einer selbstbewussten, kräftigen Stimme und lachte immer wieder laut auf, wenn er etwas witzig fand. Meine Bitte zum Beispiel, ihn auf seine Farm im Sperrgebiet begleiten zu dürfen.

Das ginge nicht, erwiderte er. Das Gebiet sei von der Polizei streng und personenstark abgeriegelt und er käme nur hinein, weil er sich eine Sondergenehmigung erstritten hätte. Doch ich ließ nicht locker und schlug ihm mögliche Varianten vor. Das gefiel ihm. Er spürte, dass ich mich wirklich für ihn, seine Geschichte und seinen Standpunkt interessierte, und bot schließlich an, meinen Kameramann und mich zwischen den Futtersäcken auf der Laderampe seines LKW zu verstecken. Das wäre die einzige Möglichkeit, ins Sperrgebiet zu kommen. Die Futtersäcke hätte die Polizei noch nie zuvor kontrolliert.

Ich würde lügen, würde ich behaupten, ohne mulmiges Gefühl im Magen zwischen die Futtersäcke gekrochen zu sein. Ich wusste nicht, was mich auf der Farm erwarten würde, ich wusste nicht, wie hoch die tatsächliche Strahlung dort sein würde. Und ob wir den Kontrollpunkt überhaupt problemlos passieren könnten, war ja auch nur eine Hoffnung. Und trotzdem taten wir es, mein Kameramann und ich. Messami deckte uns mit halb vollen Säcken und etwas Stroh zu, startete den lauten Dieselmotor und knatterte mit voller Fahrt der Polizeikontrolle entgegen.

Plötzlich stoppte der LKW. Laute Stimmen waren zu hören, und durch einen kleinen Schlitz konnte ich sehen, wie der Kontrollposten um den LKW herumging, um auf die Ladefläche zu schauen. Zum Glück war das Klacken des Dieselmotors minimal lauter als unser Herzschlag, und so ließ man den Viehwirt mitsamt seiner neugierigen Fracht ins Sperrgebiet.

Auch wenn ich von der Route nicht viel sehen konnte, hatte ich ein Gefühl von Endzeitstimmung. Je näher wir den Rindern kamen, umso höher stieg die Strahlung auf meinem Messgerät.

Wieder stoppt der LKW. Warum? Noch eine Polizeikontrolle? Hatte man uns doch entdeckt?

Messamis Kopf tauchte zwischen den Futtersäcken auf, und er gab uns grünes Licht. Wir hatten es geschafft und waren plötzlich mitten im Sperrgebiet an einem Punkt, an dem er jeden Tag die Strahlung kontrollierte. Auch an diesem Tag schlug sein Messgerät Alarm: 154000 Mikrosievert/Jahr. Der empfohlene Höchstwert liegt in Deutschland bei nur 1000 Mikrosievert/Jahr.

An dieser Messstelle hätte man bereits nach einer Woche Aufenthalt den jährlichen deutschen Grenzwert erreicht. Ziemlich ungesund also und so fuhren wir zügig weiter, denn relevant ist nicht nur die Strahlenstärke, sondern auch der Zeitraum, über den man sich ihr aussetzt. Das hatten mir die Experten vorher erklärt. Bleiben Sie nie länger an einem dieser Orte, und haben Sie Ihr Messgerät immer im Auge. Es addiert die Werte und warnt Sie, wann Sie die Gegend wieder verlassen sollten. Unser Risiko war also kontrollierbar. Wir waren nur noch 14 Kilometer von den Reaktoren entfernt, als wir von der Laderampe kletterten. Wir hatten unser Ziel erreicht.

Nach der Nuklearexplosion zog die Wolke direkt über die Farm, tötete einzelne, frei herumlaufende Tiere innerhalb weniger Stunden und verseuchte den Boden für die nächsten Jahrzehnte. Ich messe hier erschreckende 19,23 Mikrosievert pro Stunde. Eine Strahlendosis, so hoch, als würde ich mir alle 60 Minuten den Brustkorb röntgen lassen. Eine Radioaktivität 168-mal höher als in Deutschland empfohlen.

Messami Yoshisawa hatte damals die Wolken kommen sehen, durch sein Fernglas beobachtet, wie sie auf ihn zukrochen. Er war der Strahlung direkt ausgesetzt.

»Als der Reaktor explodiert ist, habe ich den Knall gehört. Das war mittags gegen 11 Uhr. Noch am nächsten Tag sah ich von meinem Haus im Sperrgebiet aus die Rauchwolken über dem Kraftwerk. Sie

waren schneeweiß«, erklärte er, während sein Gesicht blasser und blasser wurde.

»Wie verhält man sich in einer solchen Situation?«, wollte ich von ihm wissen.

»Ich bin im Stall geblieben, denn ich hatte plötzlich meinen Gleichgewichtssinn verloren. Ich spürte einen extremen Schwindel.«

»Haben Sie sich danach untersuchen lassen?«, drängte sich mir als Frage auf.

»Ja, zweimal. Vier Monate nach der Explosion bekam ich die erste Diagnose: Die radioaktiven Stoffe in meinem Körper waren sehr hoch. Höher als bei den meisten anderen. Bei der zweiten Untersuchung ein paar Monate später teilten sie mir mit, dass einzelne Rückstände sogar noch weiter gestiegen sind.«

Die Ärzte sagen, es sei nur eine Frage der Zeit, bis Messami Yoshisawa an Krebs erkranken würde. Das sei keine Wahrscheinlichkeit, das sei ganz sicher so.

»Das Risiko ist da. Aber einer muss doch die Kühe füttern. Ich habe mir vor Zeiten die Frage gestellt, ob ich den Rest meines Lebens damit verbringen will, ängstlich vor der Radioaktivität zu flüchten. Nein. Obwohl ich verstrahlt bin, werde ich mich auch weiterhin um die Kühe kümmern und gegen das Kernkraftwerk und seinen Betreiber TEPCO kämpfen.« Mit dem Satz kehrte auch wieder Farbe zurück in das Gesicht eines Mannes, der Prinzipien hat, die er verteidigt, und der ein großes Maß an Zivilcourage besitzt. Und als hätte es ihm zustimmen wollen, tat im Hintergrund ein auf dem Boden liegendes Kalb seinen letzten Atemzug.

Ein Leben ist hier für die nächsten Jahrzehnte nicht mehr möglich. Der Boden ist zu stark kontaminiert, erklärte die japanische Regierung und verlangte, dass alle Rinder in dieser Region schnellstmöglich getötet werden. Dagegen wehrt sich Messami Yoshisawa jetzt seit zwei Jahren. Erfolgreich. Er darf seine Tiere so lange besuchen, bis sie von alleine tot umkippen.

Ehefrau Nummer
zwei des Vaters

Ehefrau Nummer
zwei des Vaters

Massai Leo
sitzt zum
ersten
Mal in einem
Auto

Melonen-
verkäuferin

Massai-Kinder weichen mir nicht von der Seite

Katharina und Lulu warten jeden Morgen vor meiner Hütte

Thomas' Familie

Weißfuß-Massai

Massai Thomas in seinem Reich

Männer unter sich

Jenke als alleinerziehende Mutter

Seenomaden-Zuhause

Morgens Waschplatz ...

... abends mein Schlafplatz

Ziemlich eng auf dem Hausboot

Aber mehr Freiheit geht nicht

Seit ein paar Monaten hat er zusätzlich eine Videokamera aufgestellt, die rund um die Uhr auf die Reaktoren gerichtet ist. Die Bilder, die sie aufzeichnet, sendet er als Livestream in die ganze Welt. Eine zweite Kamera ist auf seine Rinder gerichtet.

»TEPCO und die Öffentlichkeit sollen sehen, wann und wie meine Tiere tot umfallen«, sagte er. *»Als Protest gegen das Kernkraftwerk und gegen die Verantwortlichen von Fukushima.«*

Man muss nicht so hartgesotten sein wie Messami, um Zivilcourage zu zeigen. Das geht auch kleiner. Und doch habe ich vor seinem Verhalten und seiner Haltung sehr großen Respekt. Man könnte einwenden, er habe ja auch nichts mehr zu verlieren, aber das ist nicht richtig. Er hätte sich gleich nach der Katastrophe in Sicherheit bringen können, um dort dauerhaft zu bleiben.

Er hätte sich, wie der Großteil der Bevölkerung auch, seiner Stimme enthalten können. Stattdessen demonstriert er noch heute vor dem Hauptquartier von TEPCO. Auch das Angebot, ihm die kranken und wenigen noch gesunden Rinder abzukaufen, schlug Messami mehrfach aus.

Es geht ihm ums Prinzip.
Es geht ihm um Zivilcourage.

Gelassen sein!

»Du musst nur
langsam genug gehen,
um immer in der Sonne
zu bleiben.«

Antoine
de Saint-Exupéry

Das ist eines meiner größten Vorhaben, und jeden Tag aufs Neue gelingt es mir ein Stück weit mehr. Gelassen zu sein bedeutet für mich, über den Dingen zu stehen, in sich zu ruhen. Ohne eine Spur von Arroganz. Nur aus der Selbstsicherheit heraus und dem Wissen, wer man ist und was man hat.

Denn das traurige Gegenteil kann ich jeden Tag in den Gesichtern so vieler Menschen lesen. Machen Sie das mal! Laufen Sie mal mit offenen Augen durch die Straßen und schauen dabei in die Gesichter derer, die Ihnen entgegenkommen.

Was sehen Sie da? Sehr viel Ernstes. Zu viel Ernstes. Kaum jemand lächelt sich noch an. Und nicht nur bei Fremden untereinander fällt mir das auf, immer wieder sehe ich Paare, die unbeteiligt und gesichtsleer gemeinsam durchs Leben gehen. Sie sitzen sich in Restaurants gegenüber und haben sich nichts zu sagen. Oder sie sitzen nebeneinander auf dem Sofa vor der Glotze, jeder in seine eigene Welt und in der unwirklichen Flatscreen-Ferne versunken.

Natürlich kann man nicht den ganzen Tag lang selig grinsend durch die Gegend tapsen, und jeder von uns hat genügend Sorgen, die er mit sich herumträgt. Wir sind in Gedanken, knapp in der Zeit, haben etwas vergessen, sind verärgert und enttäuscht oder überlegen gerade intensiv … es gibt tausend gute Gründe, warum man finster blickend Wege zurücklegen kann.

Aber das meine ich nicht. Ich meine das Gesicht darunter. Das wahre Gesicht, vergleichbar mit einem strahlend blauen

Himmel, an dem gleichzeitig ein paar Wolken umherziehen können. Es ist nicht immer sofort alles scheiße, nur weil einzelne Dinge falsch laufen. Aber in den Gesichtern tragen so viele von uns unbemerkt die große Enttäuschung mit sich herum, und die sitzt viel tiefer. Sie sind enttäuscht, weil nicht alles nach ihren Vorstellungen läuft, weil sie mehr wollen, schneller sein wollen, um an das vermeintliche Glück noch dichter heranzukommen. Viele übersehen dabei, dass sie es vielleicht längst gefunden haben.

Ich muss mir bei dieser Erkenntnis wieder einmal selbst an die eigene Nase fassen. Große Perioden meines Lebens habe ich damit zugebracht, kopflos Entwicklungen hinterherzujagen. Ich hatte schon so viel und wollte noch mehr. Viel mehr. Ich konnte all das Schöne und Glückliche in meinem Leben nicht ausreichend schätzen, weil ich zu sehr damit beschäftigt war, meine festen Vorstellungen von Glück und Zufriedenheit durchzusetzen. Völlig starr und blind im Geiste war ich immer auf der Jagd nach noch mehr, weil ich glaubte, das Erreichte würde mich dann noch glücklicher machen. Was für ein Trugschluss. Bei mir war es nicht das noch größere Auto, die noch größere Wohnung, die noch schönere Freundin, ich habe mich nicht durch den ständigen Vergleich mit anderen unter Druck gesetzt. Ich wollte das Glück sammeln wie ein Eichhörnchen seinen Wintervorrat an Nüssen. Wahllos und gierig, nach dem Motto: Nur die Menge macht's. Dabei hatte ich völlig übersehen, welche Schätze ich in meinem Leben schon hatte, und konnte sie gar nicht gebührend, dankbar und befriedigt genießen.

Ich habe in meinem Reporterleben so viele Menschen getroffen, die große Schicksale zu bewältigen hatten, die in Not waren, schwer krank oder bedroht. Doch die gelassensten und auf ihre Art zufriedensten Menschen, die ich je traf, fand ich ausgerechnet unter ihnen. Wer jemals in Ländern Afrikas unterwegs war, Asiens oder Südamerikas, wird ihnen ebenfalls begegnet sein.

Ich traf Familien, die tagelang nichts zu essen hatten, kinder-reich, arbeitslos und ohne Aussicht auf Verbesserung, und trotz-dem las ich in ihren Gesichtern Gelassenheit und Zuversicht. Denn sie sahen in ihrem Leben immer noch genügend Dinge, die sie glücklich machten. Sie erkannten ihren wahren Besitz. Das bedeutet keinesfalls, dass man seine Träume und Hoffnun-gen aufgeben soll. Es bedeutet aber, sich des Positiven und des Schönen in seinem Leben bewusster zu sein.

Vor Jahren erfuhr ich von einem Ort in Ecuador, an dem die Menschen besonders alt werden sollen. Es hieß, die meisten Hundertjährigen dieser Welt lebten dort in dem kleinen Dorf Vilcabamba. Schwere Krankheiten würden nicht protokolliert, weil sie in Vilcabamba so gut wie nie auftauchen würden. Keine Depressionen, keine Gewalt, keine Selbstmorde. Und obwohl die Bewohner ein hartes, arbeits- und entbehrungsreiches Le-ben führten, seien sie gelassen und zufrieden wie nirgendwo an-ders auf dieser Welt.

Und das bis ins sehr hohe Alter. Da musste ich hin. Und so begab ich mich auf die Suche nach dem ewigen Leben, dem Glück und der Gelassenheit. Es wurde eine Reise, die mich bis heute geprägt hat und mir vieles erst bewusst machte.

Der Weg ins »Tal der Hundertjährigen« liegt im Land der Vulkane. Von Deutschland aus 10000 Kilometer entfernt. Zwei Tage dauerte meine Anreise von Köln bis nach Ecuador, in die Hauptstadt Quito. Von dort aus führte die Flugroute weiter in den Süden des Landes. Die letzten fünf Stunden konnten wir nur noch mit dem Auto zurücklegen, bis dicht heran an die pe-ruanische Landesgrenze. Dann endlich begrüßte uns ein großes, breites Ortsschild mit einem sehr alten Mann darauf:

**Willkommen in Vilcabamba,
dem Ort der ewigen Jugend.**

Nirgendwo gebären Frauen bis ins hohe Alter noch Kinder. Nirgendwo sollen selbst die Hunde mit 25 Jahren doppelt so alt werden wie im Rest der Welt. Woran liegt das? Warum vergeht die Zeit hier scheinbar anders? Gibt es an diesem Ort ein Geheimnis, eine besondere Lebensrezeptur?

Vilcabamba liegt 1600 Meter über dem Meer mit einem ganzjährig milden Klima immer um die 20 Grad warm. Hier leben zurzeit etwa 4500 Menschen. Und das Erste, was mir nach der Ankunft in der Kleinstadt auffiel, waren die vielen alten Menschen, die durch die Straßen zogen.

So wie Agustin, der staunend auf unsere Kamera zuschlich. Warum wir ihn denn filmen würden, wollte er wissen. Es gäbe doch nichts Besonderes über ihn zu berichten und er sei mit seinen 99 Lebensjahren auch noch einer der Jüngeren hier im Dorf.

Wie jeder hier im Ort so hat auch Agustin seine persönliche Theorie, warum die Menschen hier älter werden als anderswo. Er will sie mir gerne verraten, wenn ich ihn im Gegenzug zu einem Frühstück einlade. Agustin war nicht irgendwer, er war die Werbefigur der Stadt, wie ich durch Zufall erfuhr. Seit acht Jahren schmückte sein Gesicht das Plakat, das für die Stadt und ihre Langlebigkeit warb.

Nach einem starken Kaffee und dem ersten Essen für ihn seit zwei Tagen sprudelte es aus ihm heraus:

»Das Geheimnis für ein langes Leben?! – Ich trinke jeden Tag drei Gläser Wasser aus dem Fluss, morgens ein Glas, ein Glas mittags und ein Glas abends. Außerdem esse ich sehr viel Gemüse: Bohnen, Avocados, Mais. Viel Obst und viel Gemüse. Das hält mich fit und gesund.«

Und weil das alles so vernünftig und gesund klang, überraschte es mich umso mehr, dass Agustin mit seinen 99 Jahren immer noch rauchte, und zwar regelmäßig. Dazu trank er ab dem späten Nachmittag noch ein paar Gläser selbst aufgesetzten, hochprozentigen Zuckerrohrschnaps. Agustins Lieblingszigaretten, die »Chamicos aus dem Tal der ewigen Jugend«, enthalten Tabak aus der Region, versetzt mit Stechapfelblättern, die bei uns als Droge eingestuft sind. Im Automaten gibt es sie aber selbst dort nicht. Die Frauen und Männer basteln sie sich selbst.

Verheiratet war Agustin während seiner 99 Jahre niemals. Ein eiserner Junggeselle sei er. Aber immer mit wechselnden Freundinnen. Meist jünger als er. Man könnte meinen, ab einem bestimmten Alter lässt das Interesse am anderen Geschlecht nach.

»*Falsch!*«, sagte Agustin breit lächelnd und nippte wieder an seinem Kaffee.

Vilcabamba ist nicht der einzige Platz auf der Welt, wo die Menschen besonders alt werden. Jedoch schieben die Menschen an den anderen Orten ihre Langlebigkeit ausschließlich auf ihre besondere Ernährung: In Nordpakistan z. B. glauben die Menschen an die lebensverlängernde Kraft der Aprikose. In Georgien dreht sich alles um Joghurt. Auch auf der japanischen Insel Okinawa werden die Menschen überdurchschnittlich alt, dort glauben sie an die Kraft der Algen und fleischarmen Küche. Am ältesten aber werden die Menschen in Vilcabamba, und da spielt das Essen nur eine untergeordnete Rolle. In diesem Tal schwören sie auf das Arbeiten bis ins hohe Alter. Und auf ihre Gelassenheit. Sie verbringen viel Zeit mit geselligem Herumsitzen und erfreuen sich an ihrem Leben. Sie feiern viel, halten auch mit jedem Fremden gern ein Pläuschchen und sind einfach nur glücklich, an diesem Ort zu leben. Und noch etwas vereint sie alle: Sie haben nicht viel zum Leben, keine Besitztümer und keine Sparbücher. Keine Autos, keinen Urlaub, keinen Neid.

Dona Albina, die ebenfalls kurz vor ihrem hundersten Geburtstag stand, hatte nicht einmal eine Waschmaschine. Die alte Dame wusch ihre Wäsche und oft auch noch die ihrer Nachbarin per Hand im Fluss. Und das nach Feierabend. Denn tagsüber arbeitete die 96-Jährige noch regelmäßig als Hebamme.

Ist das alles nur eine Legende? Hatte sich der gesamte Ort zusammengetan, um dem Fremdenverkehrsamt eine große Freude zu machen und um die Touristen aus aller Welt nach Vilcabamba zu locken? Auch das kam mir in den Sinn, und gleichzeitig spürte ich doch bereits nach wenigen Tagen eine selten da gewesene Frische, eine Entspanntheit, die ich mir nicht anders erklären konnte als die weitergereichte Infektion von Gelassenheit. Ich schlief hervorragend, ich war den ganzen Tag über sehr belastbar, und mein Tempo passte sich der langsamen Geschwindigkeit der Bewohner im Ort an. Und doch blieben Zweifel. In dem kleinen Krankenhaus des Dorfes traf ich Victor Carpio, den Apotheker von Vilcabamba, der gerade einer älteren Dame Verhütungsmittel über die Ladentheke reichte.

»Stimmt es, dass die Frauen hier bis ins hohe Alter Kinder gebären?«, fragte ich ihn unverblümt.

»Das fruchtbare Alter der Frauen zieht sich hier bis weit über fünfzig. Manchmal auch noch darüber hinaus«, lächelte er mir selbstverständlich entgegen. *»Es gibt hier viele Frauen, die mit sechzig noch Kinder kriegen. Danach ist aber Schluss. Bei den Frauen. Die Männer hingegen zeugen hier noch Kinder bis ins hohe Alter, so lange bis der liebe Gott sie holt, sind die Männer hier sehr aktiv.«*

Kein Wunder, dachte ich, dass immer mehr Fremde nach Vilcabamba kommen, um sich dort billig Grund und Boden zu sichern. Sie alle sind auf der Suche nach einem längeren Leben. Nach der ewigen Jugend. Nach mehr Ruhe in ihrem Leben. Nach Gelassenheit. Und genau diese Gelassenheit ist es auch, die die Menschen dort nicht an ihren Leben kleben lässt. Ab einem gewissen Alter wollen sie einfach nicht mehr und sind bereit für den Abgang. Wiederum in aller Gelassenheit, versteht sich.

Die älteste noch lebende Frau in Vilcabamba während meines Aufenthaltes, war Dona Lucia. Sie war 105 Jahre alt. Sie war weder krank noch hatte sie Schmerzen. Ihre Kinder kümmerten sich um sie, und trotzdem reichte es ihr im Hier und Jetzt. Sie habe ja auch schon alles erlebt, sagte sie. Nur dass sie jetzt nichts mehr leisten könne, keine Hilfe mehr sei und zur Belastung gar nicht erst werden wollte. Eine Einstellung, die ich in der Stadt der Hundertjährigen des Öfteren hörte und die wohl über alle Grenzen hinweg dieselbe Befürchtung ist: Die alten Menschen wollen niemandem zur Last fallen, sprechen den Todeswunsch aber nur selten aus. Ihr Glaube hindert sie daran. Und ausgerechnet dieser Glaube lässt viele von ihnen so lange leben, fanden Altersforscher heraus.

Es war ein Sonntag, ich saß entspannt auf dem Dorfplatz zwischen alten Männern auf einer alten Bank, und wir alle blickten friedlich und wortlos auf die große weiße Kirche uns gegenüber. Selbst die Glocken läuteten behäbig. Tief und beruhigend. Eine Menschengruppe kam aus der Kirche. Eine Trauergemeinde mit gar nicht traurigen Gesichtern. Jemand aus ihren Reihen hatte sich verabschiedet. Für immer. Denn auch in Vilcabamba wird gestorben. Aber anders. Während die alten Menschen bei uns an Krebs sterben, am Herzinfarkt oder einer anderen Zivilisationskrankheit, schlafen die meisten Alten in Vilcabamba einfach ein und wachen nicht mehr auf. Friedlich, ohne Schmerz und ohne letzten Gruß. Vielleicht sieht auch deshalb eine Trauerfeier in Vilcabamba anders aus als bei uns. Drei Tage lang wird der Verstorbene begleitet, sitzen Freunde und Verwandte vor dem Sarg und erzählen sich Geschichten aus dem Leben des Toten. Man nimmt sich Zeit für den letzten Abschied. Denn die Zeit hat in Vilcabamba einen anderen Stellenwert.

Vielleicht ist das eine Erklärung, warum sich die Lebenserwartung in Deutschland so stark von der in Vilcabamba unterscheidet. Es ist der ständige Zeitdruck, der Stress. Schon lange weiß man, dass Stress nicht nur krank macht, sondern stark lebensverkürzend wirkt.

Dem Tod noch ein paar Jahre abluchsen, die Lebenszeit auf Erden verlängern. – Das ist der größte Wunsch, der die meisten Fremden hierher treibt. Für sie wird Vilcabamba zum Kurort – egal, mit welchem Leiden sie anreisen, erklärte mir der Apotheker.

»Es kommen Leute in die Stadt, um ihre Herzprobleme zu kurieren. Es wohnen hier Leute, die bezeugen, dass sie hier wieder gesund wurden. Und nicht nur bei Herzproblemen, auch bei anderen Krankheiten. Invalide kamen, die nicht mehr gehen konnten, und auch von denen wurden Einzelne geheilt. Wenige Tage später schon waren sie genesen. Vilcabamba hat eine Kraft, eine mächtige Energie für den Körper, für den ganzen Kreislauf.«

Daran muss man natürlich auch glauben wollen. Wie an alles, das sich nicht wissenschaftlich belegen lässt und doch etwas Unerklärliches, Magisches umgibt.

Ich machte mich auf dem Friedhof von Vilcabamba auf die Suche nach besonders alten Menschen. Aber der ecuadorianischen Tradition gemäß teilen die Hinterbliebenen auf den Grabsteinen nur den Todestag mit. Rückschlüsse auf die exakte Lebensdauer lassen sich somit nicht mehr ziehen. Das ist übrigens auch das Generalargument der Kritiker vom »Tal der Hundertjährigen«. Sie weisen immer wieder auf die nachlässigen Aufzeichnungen der Geburts- und Todestage hin, fehlende Belege für ein außergewöhnlich langes Leben. Doch eine Ausnahme entdeckte ich: das Grab von Abertano Abarco. Er wurde 127 Jahre alt.

Die hohe Lebenserwartung der Menschen in dieser Region hat immer schon eine große Rolle gespielt. Bereits vor fünfzig Jahren machte man sich auf die Suche nach dem Geheimnis dahinter. Ich fand Archivmaterial mit alten Filmaufnahmen, die eine Feier im Ort dokumentierten. Es war der Geburtstag von Abertano Abarco, der Mann, dessen Grabstein ich entdeckt hatte. Er soll zum Zeitpunkt der Aufnahmen nicht nur der Älteste in Vilcabamba gewesen sein, sondern auch der älteste Mensch der Welt. Und als würde das nicht reichen, war er wohl auch der älteste Vater, der je im Ort gelebt hatte. Noch mit 80 Jahren soll er seinen letzten Sohn gezeugt haben.

Nach ihm hat es bis heute niemand mehr geschafft, so alt zu werden, und so ruht die ganze Hoffnung des Dorfes auf eben diesem Sohn: Ernesto, 96, mit dem ich lange und langsam sprach. Wir saßen vor seinem Haus, blickten in die Ferne, und die Pausen zwischen unseren Worten waren länger als die Sätze, die wir tauschten. Ich war auf seine Weisheit aus, wollte von ihm das Rezept für ein langes, glückliches und erfülltes Leben wissen. Er überlegte. Und überlegte. Gefühlte Stunden vergingen, aber ich ahnte, dass sich mein Warten lohnen würde.

Und dann verriet Ernesto mir seine Rezeptur. Kurz, knapp und jedes Wort ein Treffer:

»Liebe, gutes Essen und Gelassenheit!«

Bis heute konnte niemand belegen oder widerlegen, warum die Menschen in Vilcabamba länger leben als anderswo auf der Welt. Jeder hat seine eigene Theorie und seinen eigenen starken Glauben. Ich persönlich habe mich dort frischer gefühlt, entspannter und hatte viel mehr Energie. Selbst in den ersten Tagen nach meiner Rückreise. Seitdem übe ich mich in Gelassenheit und spüre immer wieder, wie gut mir das tut, wie befreiend es sich anfühlt. Wenn ich eine innere Unzufriedenheit spüre, wenn ich unter vermeintlichem Stress stehe, wenn ich ungerecht zu meiner Welt bin, dann schließe ich die Augen für ein paar Minuten und sehe, welch wundervollen mich liebenden Menschen mich umgeben, ich bin dankbar für meine Gesundheit und die Zeit, in der ich lebe. Ich halte mir vor Augen, was ich alles geschafft habe und welche Möglichkeiten ich noch habe.

Und dann lächle ich wieder. Gelassen.

Aus
der Not geboren

»Die Not kann den Schmied
lehren, Stiefel zu nähen.«

Sprichwort

Immer dann, wenn es uns schlecht geht, wenn wir traurig und verzweifelt sind, wenn wir nicht mehr weiter wissen, werden wir kreativ und schöpferisch. Es scheint in der Natur des Menschen zu liegen, dass wir erst dann Eigeninitiative ergreifen, wenn die Umstände uns dazu zwingen. Wie oft habe ich das beobachten können! Nach einer anfänglichen Ohnmacht, einer Lähmung der Gefühle und Gedanken rappeln wir uns wieder auf. Wir hinterfragen uns und unsere Situation, denken endlich einmal quer und wagen Neues. Zumindest für eine bestimmte Zeit.

Viele der schönstens Liebeslieder und Gedichte entstanden in emotionalen Ausnahmesituationen, revolutionäre Erfindungen und Entdeckungen in Momenten der Verzweiflung. Die Not scheint auf seltsame Art unser Verbündeter zu sein, jemand, der uns wachrütteln und auf neue Ideen bringen will. Ohne Not verändert sich nichts. Freuen wir uns doch mal über unsere Not. Denn sie meint es ja nur gut mit uns und bietet sich als Helfer an.

Wie flexibel der Mensch in Extremsituationen sein kann, konnte ich vor Kurzem bei Dreharbeiten in Thailand beobachten. Rund 450 Kilometer von Bangkok entfernt liegt die Region Isaan, die als die ärmste des Landes gilt. Dort scheint einerseits die Zeit stehen geblieben zu sein, andererseits scheint ausgerechnet diese Region die Lösung für die Millionen hungernden Menschen weltweit gefunden zu haben. Eine Lösung, auf die wir instinktiv mit gerümpfter Nase und gekräuselter Lippe reagieren, weil sie außerhalb des für uns Gewohnten liegt. Seit Jahrhunderten essen die Menschen dort Insekten. Anfänglich nur aus der Not heraus, heutzutage aus Überzeugung, denn Insekten sind fettarm, sehr eiweißreich, sie enthalten sämtliche essenziellen Aminosäuren, Vitamine, Mineralstoffe und Spurenelemente. Und es gibt sie in Massen. Weltweit zählt man rund 1400 essbare Insektenarten.

Schon die alten Griechen und Römer aßen Insekten und die ein oder andere Großmutter von uns auch. Denn bis ins 20. Jahrhundert hinein schlürften deutsche und französische Ömchen noch ihre heiß geliebte Maikäfersuppe, und Studenten knabberten die Tiere sogar ungekocht. Wohl auch aus einem Mangel heraus und in Zeiten, in denen es die vollgestopften Supermarktregale noch nicht gab.

Insekten als Nahrungsmittel zu erklären, gilt zurzeit als einzig realistische Möglichkeit, den Hunger auf der Welt einzudämmen. Alle drei Sekunden verhungert auf diesem Planeten ein Mensch. Zusammengerechnet sind das rund 9 Millionen Menschen jedes Jahr. Was wir nicht freiwillig essen würden, könnte für diese Menschen das Überleben sichern und ihre Mägen füllen. Die Vereinten Nationen haben das erkannt und eine Kampagne gestartet, die diese Tiere weltweit auf den Teller bringen soll. Denn auch nach Meinung der Welternährungsorganisation FAO kann die wachsende Menschheit ohne den Verzehr von Insekten nicht mehr satt werden.

Mit Appetit und großer Neugier mache ich mich also auf den Weg in die Region, in der man sich mit Insekten als Nahrungsmittel besser auskennt als irgendwo anders auf der Welt, und treffe dabei, zu meiner großen Überraschung, auf einen Österreicher, der mit seiner Insektenzucht sehr viel Geld verdient.

Der ehemalige LKW-Fahrer Bert Hackel hörte von seiner Frau, die aus Thailand stammt, immer wieder dieselben Geschichten: sie handelten von Insekten und der großen Nachfrage danach und von Verwandten, die mit der Zucht viel Geld verdienten. Schließlich verkaufte Bert sein Hab und Gut in Österreich und zog mit seiner Frau nach Khon Kaen.

Das nötige Wissen über die Insektenzucht hatten ihm die Verwandten seiner Frau schnell beigebracht, und viel Startkapital war auch nicht nötig. Mittlerweile gehört er zu den größten Insektenzüchtern in der Region mit einem monatlichen Umsatz von über 40000 Euro. Er hat sich auf Grillen spezialisiert, weil die besonders einfach zu züchten sind und die Nachfrage am größten ist.

Aber Bert verkauft die Krabbeltierchen nicht nur, er isst sie selbst fast täglich und lädt mich deshalb zu(m) Grillen ein. Heuschrecken in Limonenblättern und Frühlingszwiebeln soll es geben. Ich bin sehr gespannt und freue mich auf eine mir noch unbekannte Mahlzeit.

Ich weiß, was Sie jetzt denken: Wie kann ein Mensch, der als kleiner Junge Angst vor dem Essen hatte, der zeitweise vom Arzt appetitanregende Mittel verschrieben bekam, damit er überhaupt Nahrung zu sich nimmt, viele Jahre später alles essen, was Menschen sich weltweit in die Münder schieben? Und meine ehrliche Antwort darauf lautet: keine Ahnung. Echt nicht. Ich weiß nur, dass ich, egal, an welchem Ort auf der Welt ich mich aufhalte, genau das essen möchte, was die Menschen dort auch zu sich nehmen. Je außergewöhnlicher und unbekannter, desto besser. Ich habe Königskobras in Thailand probiert, Seesterne, Tausendfüßler und Skorpione in China, ich war für Dreharbeiten Gast im weltweit einzigen Tierpenis-Restaurant in Peking, habe Meerschweinchen in Ecuador gegessen, angebrütete Enteneier auf den Philippinen, Quallen, Seegurken und Madenkäse probiert, warmes Rinderblut mit den Massai getrunken und einen Großteil der Würmer und Insekten in Thailand gekostet. Und ich bin weiterhin auf der Suche nach ungewöhnlichen

Nahrungsmitteln, deren Verzehr für uns unvorstellbar, andernorts aber völlig normal ist. Denn genau das ist der Punkt. Erzählen Sie mal einem Chinesen, Japaner oder Malaien von ihrem Käsebrötchen, und Sie können sie beim Würgen beobachten. Käse ist für viele Menschen in Asien nichts anderes als alte, verdorbene Milch. Sie essen gerne Wurst, hergestellt aus Innereien, Blut, Schwarten und Zungen? Seien Sie sich sicher, es findet sich irgendwo auf der Welt eine Bevölkerungsgruppe, die das eklig findet. Wir essen das, was in unseren Kulturkreisen akzeptiert und gewohnt ist. Auf den Philippinen sind das eben angebrütete Enteneier, bei den Massai ist es das morgendliche Tässchen Rinderblut und in Thailand genießt man die unterschiedlichen Insekten, Würmer und Maden. So einfach ist das.

Natürlich schmeckt auch mir längst nicht alles, was ich probieren durfte, aber ich wollte selbst herausfinden, was mir schmeckt, und mich nicht von der herkömmlichen Meinung und einem Vorurteil leiten lassen. Die Heuschrecken in Limonenblättern mit Frühlingszwiebeln, die Bert und seine Frau für mich zubereitet haben, schmecken fantastisch. Etwas gewöhnungsbedürftig sind die Panzer der Tierchen, auf denen man lange herumkauen muss, um sie problemlos schlucken zu können. Wem das zu lästig ist, der spuckt die Schalen einfach aus. Aber der Geschmack der Grashüpfer ist großartig, eine Mischung aus Garnele, Nuss und etwas Zucker. Auf dutzende Arten lassen sie sich zubereiten; gedünstet, frittiert oder gedämpft passen sie in fast alle Thai-Gerichte, in denen sonst Huhn oder Meeresgetier schlummert.

Für uns ist es schwer vorstellbar, solche Insekten als festen Bestandteil in unseren täglichen Speiseplan aufzunehmen, doch Schätzungen der Welternährungs-Organisation zufolge essen 2,5 Milliarden Menschen in neunzig Ländern auf der Welt regelmäßig Insekten. Dazu gehören zum Beispiel die Seidenmade, der Wasserkäfer, der schwarze Flugkäfer oder die braune Grille. Meist werden die Tierchen aus einem Mangel an Nahrung heraus gegessen. Viele Insekten werden aber auch nur als Gewürz genutzt oder um Säure in die Speise zu bringen. Wie die Rotkopf-Ameise zum Beispiel und ihre Eier. Sie ist der Essig unter den Sechsbeinern.

Doch woher wissen die Menschen, welche Insekten essbar sind und welche giftig? Denn nicht alles, was krabbelt, ist genießbar oder harmlos. Immer wieder kommt es zu schweren Vergiftungen. Rund eine Million Insektenarten haben Wissenschaftler bis heute erfasst und beschrieben. Doch das sind längst nicht alle. Die Gesamtmenge ist unbeschreibbar groß. Es heißt, 60 Prozent aller Tierarten auf der Welt seien Insekten.

Wie bei anderen Lebensmitteln auch, sind die Nährwerte bei den einzelnen Insektenarten höchst unterschiedlich. Früher haben die Menschen dies aus Instinkt und Erfahrung heraus gewusst, heute gibt es genaue ernährungswissenschaftliche Analysen eines jeden Tieres. Und die Unterschiede sind überraschend groß. Es gibt Grillen, die dreimal so viel Eiweiß enthalten wie eine Portion Hühnerfleisch, und Käfer, und die es leicht mit dem Nährwert eines ganzen Steaks aufnehmen können.

Doch viel wichtiger ist, dass Insekten die Hungersnöte auf der Welt besiegen könnten, und das haben wir hauptsächlich der Tatsache zu verdanken, dass die Bewohner des Isaan gewohnte Muster verlassen mussten und sich mit ihren leeren Mägen auf die Suche nach einer Nahrungsalternative machten. Nun könnte man sagen: Was ist daran so besonders, denn in der Not frisst der Teufel Fliegen? Stimmt. Aber nur in der Not. Denn wenn es ihm wieder besser geht, sich seine Umstände positiv verändert haben, dann streicht der Teufel die Fliegen wieder von seinem Speiseplan und wendet sich erneut dem Gewohnten zu. Die Menschen im Nordosten Thailands haben diesen Fehler nicht begangen. Sie sind bei den »Fliegen« geblieben, haben ihr Wissen erweitert und ihren Speiseplan dauerhaft durch den Verzehr von Insekten ergänzt. Das hilft ihnen nicht nur in schlechten Zeiten, sondern sorgt gleichzeitig für gute Zeiten. Sehr viele Familien aus armen Verhältnissen leben inzwischen sehr gut von der Heuschreckenzucht, und ganzen Dörfern geht es wirtschaftlich dadurch besser. In keinem Land der Welt gibt es inzwischen derart viele Insektenzüchter wie in Thailand, nämlich rund 15 000!

Und dank der vielen Touristen in Thailand werden die Berührungsängste der Supermarktbesucher aus aller Welt auf die Probe gestellt. Es ist eine Mischung aus Neugier und Mutprobe, die die Jüngeren Abend für Abend an die Insektenimbisse der Hauptstadt Bangkok treibt. Hier auf der Touristenmeile Khao San Road kann man essen, was Insektenbauern wie Bert Hackl züchten.

Aber das Geschäft läuft immer erst nach Einbruch der Dunkelheit an. Denn dann verkaufen die Krabbeltierchen sich am besten, sagt die Verkäuferin. Erst wenn die Menschen nicht mehr genau erkennen können, was sie sich da in den Mund stecken. Oder wenn jemand ganz besonders mutig sein und die Freundin mächtig beeindrucken will, indem er eine Heuschrecke schluckt. An diesen Ständen kauft niemand, weil er hungrig ist. Hier geht es einzig und allein um die Skurrilität. Das hat die Verkäuferin schnell entdeckt und die Preise verdoppelt. Und da sich die meisten Touristen nicht trauen, die Krabbler zu probieren, verlangt sie neuerdings ein Fotohonorar von 25 Cent. Das läuft oft besser als der Insektenverkauf.

Ich spüre, wie Ihnen nach den letzten Zeilen das Wasser im Munde zusammenläuft, und ich höre Sie ungeduldig fragen: Wie komme ich denn jetzt an meine schmackhafte Insektenmahlzeit? Nun, Sie könnten sich ein paar dieser Tierchen im Internet bestellen, oder Sie bewerben sich für die nächste »Dschungelcamp-

Staffel«, denn da gibt es Käfer und Krabbler satt. Viel einfacher aber ist es, wenn Sie es machen wie die Bewohner eines kleinen Dorfes, das ich am letzten Tag meiner Thailandreise besuche. Dort sammeln Frau, Mann und Kinder alles, was herumhüpft, ausschließlich für den Eigenbedarf. Als Nahrungsergänzung, zusätzliche Eiweißquelle und um Geld zu sparen. Seit vielen Jahren hat sich die Jagdtechnik nicht großartig verändert. Alles, was Sie hierfür benötigen, ist ein langer Stab, eine Schwarzlichtröhre, eine Energiesparlampe und eine große Schüssel mit Wasser. Eine junge Mutter erklärt mir, wie es dann weitergeht:

»Mit dem Schwarzlicht locken wir Flugkäfer an. Die sehen das Licht schon von Weitem. Wenn sie dann hier sind, lockt ein zweites Licht sie nach unten. Hier fallen sie dann in eine Schüssel mit Wasser. Aus der können sie dann nicht wieder abhauen. Das alles lasse ich über Nacht stehen. Und morgens komme ich ernten.«

Kilometerweit sichtbar, lockt das Schwarzlicht an, was in der Dunkelheit unterwegs ist, und bereits nach wenigen Sekunden landen die ersten kleinen Käfer in der Schüssel. Diese Kleininsekten werden von den Frauen im Dorf frittiert und wie Popcorn geknabbert. Je später der Abend, desto größer die Käfer. Sobald es stockdunkel ist, müssen mein Kameramann und ich den Platz räumen, denn wir werden attackiert. Sie fliegen gegen uns oder direkt in den Mund, krabbeln in Nase und Ohren. Weil wir sie aber nicht roh essen wollen, ziehen wir uns zurück in die Dunkelheit und zählen die Insekten-Abstürze aus sicherer Entfernung.

So wie die anderen Dorfbewohner. Für sie ist diese Art des Insektenfangs perfekt, weil er ohne Zeitaufwand und Mühe funktioniert. Während sie ihre geliebten Fernsehserien schauen, fliegt ihnen das Essen für den nächsten Tag quasi in den Schoß.

Aus heutiger Sicht spricht nichts gegen Zucht und Verzehr von nahrungstauglichen Insekten. Ganz im Gegenteil: Die Zucht belastet nicht die Umwelt, ist auch mit sehr wenig Geld umsetzbar und ernährungswissenschaftlich äußerst sinnvoll.

Wir in Deutschland werden wohl niemals gezwungen sein, aus Nahrungsmangel auf Heuschrecken zurückgreifen zu müssen. Doch in vielen anderen Ländern kann es so weit kommen. Schon heute sind viele Meere leer gefischt, sind einzelne Ressourcen erschöpft, und die Menschheit wächst weiter. Über sieben Milliarden sind wir schon jetzt, und an jedem einzelnen Tag kommen 230000 neue Menschen dazu.

Lass sie doch denken, was sie wollen!

»Beurteile nie einen Menschen, bevor du nicht mindestens einen halben Mond lang seine Mokassins getragen hast.«

Indianische Weisheit

Ich sehe nur Frauen, wohin ich auch blicke. Sie stehen bis zu den Knöcheln im Wasser und füllen ihre großen gelben Plastikkanister randvoll, bis sie so schwer sind, dass selbst die Lastesel unter dem Gewicht die Augen verdrehen. Die Frauen singen, die Esel schnaufen.

Für die Massai-Frauen ist es ein Tag wie jeder andere. Sie erledigen die körperlich schweren Arbeiten, zu denen ihre Männer nicht bereit sind. Ein uraltes Bild der Rollenverteilung versperrt ihnen den Weg zur Gleichberechtigung. Hier am Fluss wird das besonders deutlich, denn hier füllen sie nicht nur das Trinkwasser für das Dorf ab, hier waschen sie auch die Wäsche und kümmern sich gleichzeitig um die vielen Kinder. Aber der Fluss ist auch ihr Rückzugsgebiet; der Ort, an dem sie sich untereinander ihre Sorgen anvertrauen. Und Sorgen haben Massai-Frauen genug: von der Eifersucht auf die Zweit- oder Drittfrau, über die Angst, nicht genügend Nahrung für die Familie aufbringen zu können, bis hin zu der großen Sorge um den Gesundheitszustand kranker Kinder. Und wenn die Frauen nicht am Fluss arbeiten, reinigen sie ihre aus Lehm und Kuhdung modellierten Rundhütten, pflegen den Gemüsegarten, bereiten den Männern das Essen zu und hüten ihre Kinder und Ziegen.

Sie führen ein Leben, über das bei uns nicht nur Frauen die Köpfe schütteln. Ein Leben, das aus unserer Sicht unzeitgemäß ist, geprägt durch Unterdrückung und voller Entbehrung. Aber – man glaubt es kaum: Die Frauen sind zufrieden mit ihrem Leben. Sie kennen es nicht anders, ihre Mütter führten ein sehr ähnliches Leben und sie leben in einer Traditionswelt, die für sie nichts anderes vorgesehen hat. Schwer zu akzeptieren, oder? Wo bleibt das Recht der Frauen auf ihr eigenes Glück? Was ist mit ihren Bedürfnissen, mit ihrer Mitbestimmung? Ich frage die Massai-Frauen, was sie von Emanzipation halten, worauf sie mich mit weit aufgerissenen Augen und voller Unverständnis anstarren. Und so versuche ich ihnen davon zu erzählen, ihnen das Bild der Frau in unserer Gesellschaft zu zeichnen. »Und das macht eure Frauen glücklich?!«, fragen sie mich fassungslos. »Wie schrecklich!«

Der Massai-Stamm, bei dem ich eine Woche lang lebe und drehe, liegt weitab der Zivilisation in der Massai-Steppe Tansanias. Der Fußweg zum nächsten sehr kleinen Dorf dauert mindestens dreißig Minuten, oft auch sehr viel länger, je nachdem, wie schwer man beladen ist.

Für mich fühlt sich die Reise dorthin an wie eine Reise zurück in die Vergangenheit. Es gibt einen Ort fern jeder Zivilisation. Ohne Strom, ohne fließendes Wasser, ohne jeden Komfort. Die Menschen dort leben völlig anders als wir. Aus der Ferne betrachtet, erschreckend anders. Sie richten sich nach Traditionen und Bräuchen, die für uns fremd und beängstigend sind.

Der Weg zu den Massai scheint nicht enden zu wollen. Allein sechzehn Stunden dauert die Autofahrt vom Flughafen durch die grüne Landschaft Tansanias. Es geht vorbei an vielen kleinen Dörfern, die letzten Vorposten der Zivilisation, bis ich endlich die Lehmhaussiedlung erreiche, die kein Weißer vor mir je betreten hat.

Um in eine derart isolierte Gegend zu kommen, braucht man einen Fürsprecher, jemanden, der so großen Respekt genießt in seinem Dorf, dass er einen Fremden wie mich nicht nur mitbringen, sondern ihn auch beherbergen und ins Dorfleben integrieren darf. Jedenfalls eine Zeit lang.

Thomas Olasiti heißt der Mann meines Vertrauens. Ich hatte ihn zwei Jahre zuvor auf der Insel Sansibar bei einem Urlaub kennengelernt. Thomas arbeitete dort als Wärter in einem Hotel, wie viele andere Massai auch. Das gesamte Wachpersonal Sansibars scheint aus den stolzen Kriegern zu bestehen, weil sie als besonders wachsam und mutig gelten. In vielen Regionen ist es heute noch Brauch, dass ein junger Massai erst dann als richtiger Mann akzeptiert wird, wenn er – völlig auf sich allein gestellt – in der weitläufigen und uneinsichtigen Steppe nur mit einer Runge, einer kleinen Massai-Keule, bewaffnet einen Löwen mit der Hand erlegt. In einem Zweikampf quasi. Nicht viele der jungen Massai sollen diese Mutprobe überlebt haben. Thomas hat den Zweikampf gegen ein wildes Tier überlebt und ist mit 37 Jahren jetzt der Vizechef in seinem Dorf. Zweimal im Monat reist er von der Insel Sansibar zu seiner Familie in den Busch. Dort liefert er seinen Monatslohn ab, an seine Frau, seine drei kleinen Kinder und an den Rest der 20-köpfigen Großfamilie, die er nach alter Tradition unterstützen muss. Denn Massai-Pflicht Nummer eins: Wer einen Job hat, muss die Blutsverwandten mit durchfüttern. Egal, wie viele es sind.

Noch nie zuvor hat Thomas Fremde mit ins Dorf gebracht. Selbst er wisse nicht, wie die Massai dort auf mich reagieren würden, warnte er mich vorher. Doch unsere Bedenken erweisen sich als unbegründet, denn alle nehmen mich mehr als freundlich auf. Besonders die Kinder, die zwar erst einmal vor Schreck weinen, als sie mich weißen Mann sehen. Ab Tag zwei aber an meiner Seite kleben und gar nicht mehr ohne mich sein wollen.

Der Vater von Thomas pflege die Massai-Tradition der Polygamie. Bis zu zwanzig Ehefrauen darf ein Massai haben, wenn er es sich leisten kann. Thomas hat nur eine Ehefrau. Aber auch er spart bereits für die nächste. Da Massai sehr gastfreundlich sind, lädt Thomas mich zum Schlafen in seine Hütte ein, in der neben seiner Frau auch noch zwei Ziegen und ein Kalb pennen. Bis vor wenigen Jahren wurde den Gästen zusätzlich noch die Ehefrau überlassen, als Gastgeschenk für die erste Nacht. Doch seit der dramatisch gestiegenen Aids-Rate in Afrika wurde dieser Brauch abgeschafft, was mich persönlich sehr erleichtert. Ich meine, wie reagiert man korrekt auf eine solch außergewöhnliche Traditionsofferte?!

Wer, so wie ich, eine Woche bei und mit den Massai leben will, der muss seine Gewohnheiten über den Haufen werfen. Im Busch sind sie nicht umzusetzen. Doch ich bin äußerst flexibel und stelle mich schnell und spontan auf alle nur möglichen Umstände ein. So macht es mir überraschend wenig aus, meiner Verdauung im Gestrüpp des Dorfes nachzukommen und für die Dauer meines Aufenthaltes auf fließend Wasser zu verzichten. Denn Massai duschen nur einmal in der Woche. Im See. Das Einzige, was sie täglich reinigen, sind Hände und Gesicht.

Dementsprechend sehen auch die Jüngsten im Dorf aus. Mit verklebten Augen, schmutzigen Gesichtern und dreckigen Kleidchen locken sie Scharen von Fliegen an. Das ist traurig anzusehen, auch wenn es den Kindern nichts auszumachen scheint. Die Haare der Massai-Kinder sind nur wenige Millimeter lang. Ihre Schädel werden wöchentlich rasiert, wie bei ihren Müttern und Vätern auch. Aus Gründen der Hygiene und der Tradition. Dementsprechend begeistert sind sie von meinen Haaren. Wann immer sich eine Möglichkeit ergibt, streicheln sie mich liebevoll, so wie wir es bei jungen Hunden tun. Und sie rubbeln neugierig an meiner hellen Haut, von der sie denken, dass sie nur weiß angemalt ist.

Nichts, aber auch wirklich nichts im Leben eines männlichen Massai ist so wichtig für ihn wie seine Rinder. Erst viel später kommen Frau und Kinder. Es heißt, in der Sprache der Massai gäbe es allein siebenhundert Wörter, um ein Rind zu beschreiben. Um eine Frau zu lobpreisen gerade einmal zehn Wörter. Die Anzahl der Rinder ist der Quotient für die Männlichkeit und Attraktivität eines Massai. – Je mehr Rinder er besitzt, umso größer ist seine Anziehungskraft auf Frauen. Bei Thomas ist sie mit nur sechs Kühen noch sehr überschaubar. Zum Hüten des wertvollen Viehs eignen sich ausschließlich Männer, lässt mich Thomas wissen. Die Frauen haben andere Aufgaben. Aha, denke ich, jetzt ist der Zeitpunkt gekommen, um mit ihm mal über die Rechte der Frauen zu sprechen.

»*Was für Rechte?*«, sieht er mich irritiert von der Seite an, bevor er unvermittelt stehen bleibt.

»*Die Rechte eurer Frauen! Auf Selbstbestimmung, Glück, Zufriedenheit …?*«

Im Gegensatz zu den anderen Massai in seinem Dorf weiß Thomas genau, wovon ich spreche. Schließlich arbeitet er in einem Hotel, das von Europäern besucht wird. Er hat nicht nur direkten Kontakt mit ihnen, er spricht auch mit ihnen und sieht die Paare im täglichen liebevollen Umgang miteinander.

»*So leben wir hier nicht. Wir haben Traditionen. Wir führen ein völlig anderes Leben hier! Unsere Frauen haben wichtige Aufgaben. Sie müssen uns Männer versorgen und uns dienen. Sie müssen täglich Wasser holen, Holz sammeln und die Häuser sauber machen. Dazu kochen und sich um die Kinder, die Schwiegereltern und das Kleinvieh kümmern. Es gibt hier einiges zu tun für die Frauen.*«

Das war mir schon nach wenigen Stunden im Dorf aufgefallen: Während die Männer meist rumsitzen, Tee trinken und über ihre Rinder philosophieren, schuften die Frauen. Nahezu ohne Pause. Und auch die Kinder haben kaum Zeit zum Spielen. Sie müssen die Wege säubern und die Ziegen melken.

Der einzige Grund, warum Thomas' Vater drei Ehefrauen hatte, war, weil so viel zu tun ist, sagt er. Kaum vorstellbar, aber die Massai scheinen allein deswegen zu heiraten: Sie brauchen die Frau als lebenslange Arbeitskraft. Der Vater schob es auf die Tradition, aber wie sieht Thomas das? Er ist gerade einmal 37 Jahre alt und in ständigem Kontakt mit der Welt außerhalb des Massai-Dorfes. Seine Antwort fällt ernüchternd aus: Auch Thomas spart bereits auf eine weitere, seine zweite Frau. Zum festgesetzten Brautpreis von zwanzig Kühen.

»Nach welchen Kriterien suchst du dir eine Frau aus?«, will ich von ihm wissen.

»Ich brauche eine Zweitfrau, weil bei uns im Dorf so viel zu tun ist. Je mehr Kühe ich habe, desto mehr müssen gemolken werden. Das schafft eine einzige Frau doch nicht. Es ist zu viel Arbeit für sie allein. Deshalb brauche ich eine zweite. Wenn meine Erstfrau melkt, könnte sich die zweite Frau schon ums Essen kümmern oder Tee für uns Männer kochen. Oder erledigen, was immer an Arbeit auch anfällt. Auch Maisbrei kochen. So ist das.«

»Glaubst du eigentlich an die Liebe?«, bohre ich ohne jede Bewertung seiner Einstellung nach.

»Doch, ich liebe meine erste Frau. Deshalb brauche ich ja eine zweite, damit sie meiner ersten Frau hilft. Dass sie nicht so viel Arbeit hat. Die erste Frau liebe ich, aber alle weiteren Ehefrauen sind für mich nur Arbeitsfrauen. Verstehst du das?«

Verstehen ja, nachvollziehen nein. Da wurde ich wohl anders sozialisiert.

»Kann sich eine Massai-Frau scheiden lassen?«, frage ich und ahne die Antwort doch schon.

»Nein, so etwas gibt es bei uns nicht! Wenn die Frau einmal verheiratet ist und ihr Dorf verlassen hat, kann sie nicht mehr zurück. Niemals. Das lässt die Massai-Tradition nicht zu. Wir bleiben verheiratet, bis dass der Tod uns scheidet.«

Und so lange müssen die Massai-Frauen für ihre Männer arbeiten, rund um die Uhr mit vollem Körpereinsatz. Die einzige Wasserstelle weit und breit liegt zwanzig Gehminuten entfernt hinter einem Wäldchen. Das hat einen Vorteil und viele Nachteile. Der Vorteil ist: Durch die große Entfernung des Wassers gibt es keine Malariamücken im Dorf. Der Nachteil: Die Frauen müssen die zwanzig Kilo schweren Wasserkanister, die nicht mehr auf die Esel passten, selbst schleppen. Mehrmals täglich.

Natürlich habe ich die Frauen gefragt, was sie von ihrer Stellung in der Massai-Gesellschaft so halten und ob sie trotz ihrer Situation so etwas wie Glück und Zufriedenheit empfinden. Sehr überrascht bin ich, als sie mir verraten, was für sie das einzig Wichtige ist:

»Ein guter Massai-Mann muss sich um seine Frau und seine Kinder kümmern. Er muss Zeit mit ihnen verbringen. Und er muss den Frauen bei der Arbeit helfen. Er darf nicht faul sein. – Am wichtigsten aber ist, dass der Massai-Mann viele Kühe hat. Ein guter Mann ist ein Mann mit vielen Kühen. Wohlstand ist für uns sehr wichtig. Und deswegen ist nur ein Massai mit vielen Rindern ein guter Massai-Mann.«

Und auch den Frauen stelle ich die Frage, die in unserer Gesellschaft so bedeutend und meist der alleinige Grund für die Bildung geschlechtsreifer Paare ist:

»Spielt Liebe eine Rolle?«

»Ja. Ich liebe meinen Mann und seine Kühe. Wir lieben reiche Männer, Männer mit vielen Kühen. Nur einen solchen Mann liebe ich.«

Noch Fragen?

Weder Mann noch Frau machen einen Hehl aus ihren Erwartungen, und beide haben dasselbe Ziel: Wohlstand. Weder lieben die Frauen die Männer ihrer selbst wegen noch umgekehrt. Es ist ein jahrhundertealtes Prinzip ihrer Gesellschaft, die Ehe ist bei den Massai nur eine Zweckverbindung.

Und wem die Erklärungen der Frauen und Männer noch nicht reichen, wer immer noch Zweifel an meiner Einschätzung hegt, dem sei noch folgende Information von Massai Thomas an die Hand gegeben:

»Bringt eine Massai-Frau einen Jungen zur Welt, wird sie nicht geheiratet. Der Mann bleibt mit ihr dann nur befreundet. Bringt sie

aber ein Mädchen zur Welt, wird sie geheiratet. Denn ein Mädchen
kann später wieder gegen Kühe getauscht werden.«

Das wollte ich so nicht glauben und fragte nach, da ich fürchtete, etwas missverstanden zu haben. Und Thomas erzählte mir von seinem Schwager, der bereits zwei junge Söhne hat und mit der Mutter der Kinder seit etwa fünf Jahren zusammenlebt. Unverheiratet. Das würde auch bis an den Rest ihres Lebens so bleiben, sollte das nächste gemeinsame Kind kein Mädchen sein.

Unromantisch. Aus unserer Sicht. Aber wie maßgeblich ist unsere Meinung? Überhaupt nicht! Massai-Frau und Massai-Mann finden sie völlig irrelevant. Sie verhalten sich so, wie sie es für richtig halten. Und so fühlen sie sich wohl. Nur das ist relevant!

Wenn ich den Massai aus meinem Kulturkreis erzählte, haben sie die Augen genauso aufgerissen, wie Sie es wahrscheinlich beim Lesen der letzten Zeilen getan haben. Wer ist jetzt hier der Freak?

Bei meinen vielen Reisen und nach unzähligen Begegnungen mit Menschen, die aus unserer Sicht völlig anders sind und leben, ist mir das eine immer wieder bewusst geworden: Es ist ihnen egal, was andere über sie denken. Sie machen ihr Ding aus voller Überzeugung. Beneidenswert. Warum fällt uns das so schwer? Warum ist uns die Meinung, die andere über uns und das Bild, das andere von uns haben, so wichtig? Warum machen wir nicht auch einfach unser Ding?

Mit Sicherheit spielt Erziehung eine Rolle, denn bei den Jüngeren scheint sich da etwas zu tun. Ich meine jetzt aber nicht diese verkrampfte Individualität und den vermittelten Egoismus, den uns die Werbung ständig wie Gift ins Ohr tröpfelt, den sie gesellschaftsfähig machen will, nach dem Motto: »Unterm Strich zähl ich!«

Zu sich, seinen Entscheidungen und Bedürfnissen in jedem

Bereich zu stehen, ist doch das Ziel. Verantwortungsvoll, ehrlich und nicht auf Kosten anderer, versteht sich. Ohne dabei die Meinung der anderen zum Maß aller Dinge zu machen. Die Menschen reden immer, und wir werden ihre Vorurteile und Denkmuster nicht auflösen können. Wozu auch? Wenn wir uns frei von den Gedanken anderer über uns machen, kann es uns egal sein, wie sie die Welt und uns sehen.

Denn wie heißt das treffende Zitat so schön: »Gesetzt den Fall, wir würden eines Morgens aufwachen und feststellen, dass plötzlich alle Menschen die gleiche Hautfarbe und den gleichen Glauben haben, wir hätten garantiert bis zum Mittag neue Vorurteile.«

Holzboote vor dem Markt

Kreis meiner
eenomaden-Familie

Tauschhandel

Seenomaden
Sohn und ich

Bordtoilette

Seenomaden-
Nachwuchs

Seenomaden-Frau
mit Sonnenschutz

Polizist Martin in
Ciudad Juárez

Polizisten auf Patrouille

Martin beim Burgerkauf

Im Gefängnis von Juarez

Sicherheitsverwahrung

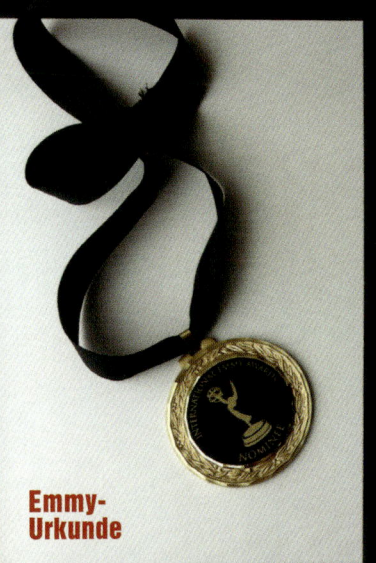

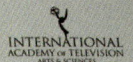

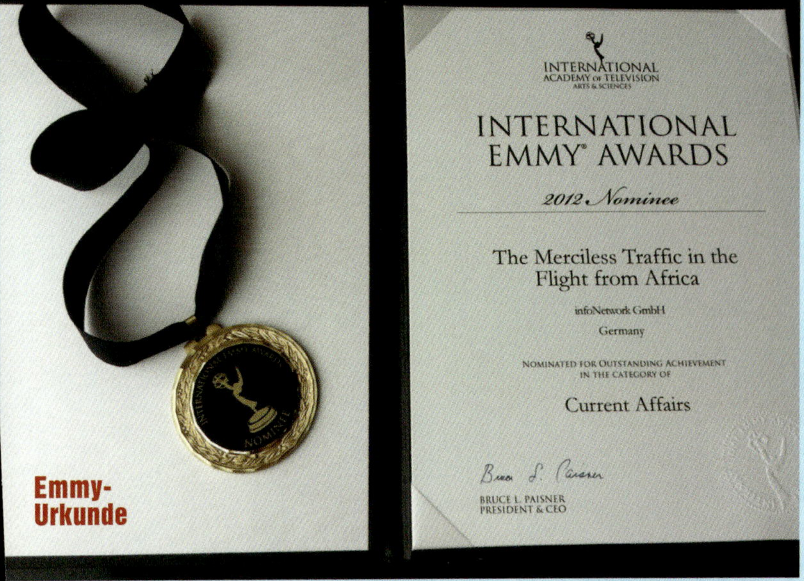
INTERNATIONAL
ACADEMY OF TELEVISION
ARTS & SCIENCES
INTERNATIONAL
EMMY® AWARDS
2012 Nominee
The Merciless Traffic in the
Flight from Africa
infoNetwork GmbH
Germany
NOMINATED FOR OUTSTANDING ACHIEVEMENT
IN THE CATEGORY OF
Current Affairs
BRUCE L. PAISNER
PRESIDENT & CEO

Emmy-Urkunde

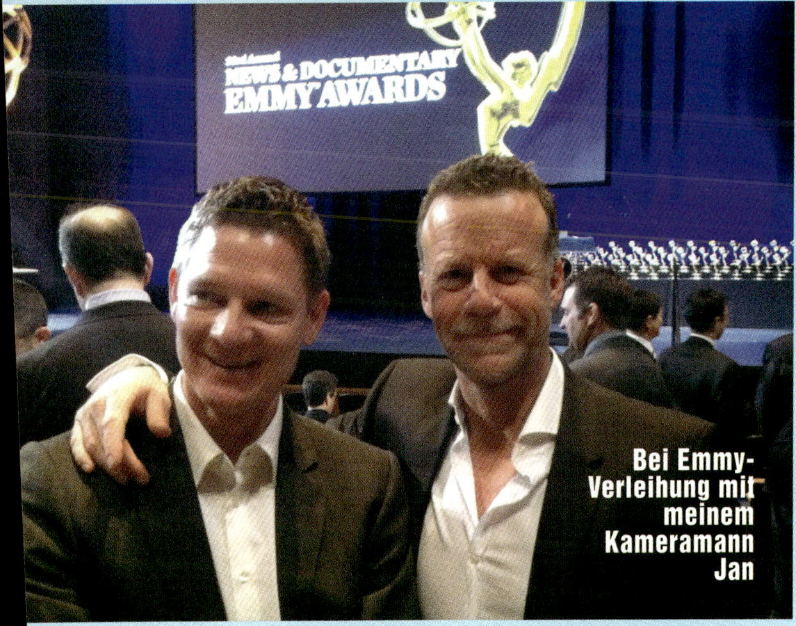
NEWS & DOCUMENTARY
EMMY AWARDS

Bei Emmy-Verleihung mit meinem Kameramann Jan

Mia und Jenke

Sarah, Emma
und Sophia

Verzicht

»Meine Mutter
hatte einen Haufen
Ärger mit mir, aber
ich glaube, sie hat ihn
genossen.«

Mark Twain

Ich hatte mir immer einen Vater gewünscht. Biologisch betrachtet gab es da natürlich jemanden, den ich Vater nennen konnte, aber darauf beschränkte sich unser Verhältnis zu meinem großen Bedauern. Als er sich von meiner Mutter trennte, ich war gerade drei Jahre alt, brach er den Kontakt zu uns Kindern ab. In den ersten Jahren nach der Scheidung gab es keine Briefe, keine Telefonate, kein Lebenszeichen. Selbst zu unseren Geburtstagen und anderen Feierlichkeiten tauchte er nicht mehr auf. Ich war noch zu jung, um diesen Verlust bewusst zu spüren, für meinen fünf Jahre älteren Bruder sah das schon ganz anders aus. Er litt sehr unter dem Rückzug meines Vaters, und es hat ihn dauerhaft geprägt.

Mittlerweile sind auch wir zu Vätern geworden und haben ein sehr besonderes, sehr intensives Verhältnis zu unseren Kindern. Auch wenn mein Bruder und ich ganz unterschiedliche Lebensformen gewählt haben. Er lebt seit über zwanzig Jahren in einer festen Beziehung mit der Frau, die seine Ehefrau und Mutter seiner Tochter wurde, und ich bin bis heute unverheiratet und habe einen Sohn. Die Beziehung zu meinem Sohn ist eine ganz besondere. Nachdem seine Mutter und ich uns nach 15 Jahren Beziehung trennten, wurden wir zu guten Freunden. Seine Mutter und ich haben auch heute noch – unser Sohn längst erwachsen – ein sehr gutes Verhältnis. Das war uns beiden immer wichtig, von Anfang an. Die friedliche und offene Art, in der wir unsere gemeinsame Vergangenheit verarbeiteten, trug ihren Teil dazu bei, dass unser Sohn nie das Gefühl hatte, einen der beiden Elternteile verloren zu haben. Das ist bis heute so geblieben, und wir drei haben die Trennung gut verarbeitet, sind eine Familie geblieben, die zusammenhält, sich füreinander interessiert, sich umeinander sorgt, auch wenn wir Eltern inzwischen in anderen Beziehungen leben.

Bei meiner Mutter sah das anders aus. Sie entschied sich nach der Trennung von meinem Vater, erst einmal mit uns Kindern alleine zu bleiben. Natürlich hatte auch sie Bekanntschaften, Männer, die sie hofierten, aber ganz nah ließ sie in den ersten Jahren niemanden mehr an sich heran. Auch wenn wir Kinder sie dazu ermutigt hatten, blieb sie viele Jahre lang eine alleinerziehende Mutter von zwei Söhnen.

Vielleicht interessierte es mich auch deswegen so sehr, für ein Experiment in die Rolle einer alleinerziehenden Mutter zu schlüpfen. Ich wollte die Leistung, dieser auf sich allein gestellten Frauen und Männer hervorheben und sie von dem falschen Bild befreien, das so viele in unserer Gesellschaft von ihnen haben. Alleinerziehende leisten und verzichten viel mehr, als man sich vorstellen kann. Die endlosen Aufgaben, die Fülle an Entscheidungen, die große Verantwortung für andere sind nicht nur kräfte- und nervenzehrend, man selbst bleibt mit seinen Bedürfnissen auch noch auf der Strecke und stellt sich und sein Leben hintenan.

Diese Selbstaufgabe und Überforderung konnte ich nicht nur viele Jahre über bei meiner Mutter beobachten, ich fand auch immer wieder den Vergleich und die Bestätigung bei den alleinstehenden Müttern und Vätern meiner damaligen Freunde. Auch bei Marion.

Marion ist Mutter von drei Töchtern und einem Sohn und lebt seit vielen Jahren von den beiden Vätern der Kinder getrennt. Für mein Experiment »Jenke als alleinerziehende Mutter« zog

Marion in ein benachbartes Hotel, und ich zog in das Haus der Familie ein. Für acht Tage und acht Nächte übernahm ich die Verantwortung für drei ihrer vier Kinder, den Hund, die Katze, das Haus und ersetzte Marion zudem in ihrem Job als Spülerin in einem Pflegeheim. Im Vorfeld hatte ich zwar eine grobe Vorstellung davon, auf was ich mich da einlassen würde, und doch wurde ich täglich aufs Neue überrascht und überfordert. Es begann damit, in das Haus einer mir völlig fremden Frau und Familie einzuziehen, mit all ihren persönlichen Gegenständen um mich herum, und es endete damit, dass ich eine Woche lang rund um die Uhr die Verantwortung für ihre Kinder übernahm, die unterschiedlicher nicht sein konnten.

Michelle war mit ihren sechs Jahren die Jüngste im Haus. Sie genoss den Küken-Bonus und wusste ihn ganz genau einzusetzen. Alles, was nach einer Regel aussah, gefiel ihr grundsätzlich nicht. Obwohl sie das schönste Zimmer im Haus hatte, schlief sie dort nicht, und alles, was nach gesundem Essen aussah, aß sie prinzipiell nicht. Michelle stellte für mich die größte nervliche Herausforderung während dieser Zeit dar.

Justine hatte ich bereits nach wenigen Minuten ins Herz geschlossen. Sie war 13, sehr chaotisch, räumte ihr Zimmer nie auf, kritzelte ihren Frust mit schwarzen Filzstiften an die Wand und kam morgens nicht aus dem Bett. Sie war mir am nächsten von allen.

Lars war ein Eigenbrötler. Als einziger Mann im Haus war das wahrscheinlich auch die einzige Möglichkeit für ihn, nicht in die Rolle des Ersatzvaters gepresst zu werden. Der 14-Jährige sprach nie viel. Seine große Unsicherheit raubte ihm oft die Worte.

Und dann war da noch Sissy, eine Hündin aus dem Tierheim mit massivem Psychoknacks. Sie kam mit fremden Männern nicht zurecht, was an ihrer tragischen Vergangenheit lag. Sie ist geschlagen und misshandelt worden. Ausschließlich von Männern. Und deswegen schnappte Sissy nach mir, knurrte mich an und ließ sich von mir nichts sagen. Ich konnte es ihr nicht verübeln. Doch sie wurde für mich zur größten Überraschung, denn was wie ein unüberwindbares Hindernis erschien, entwickelte sich in den acht Tagen doch noch zu einer Art Freundschaft. Als ich die Familie wieder verließ, wir zwischenzeitlich Rat bei einem Tierarzt und einem Hundepsychologen gefunden hatten, fand Sissy ihren Frieden und war wie ausgewechselt. Auch mir gegenüber. ☺

Die zweite Herausforderung in diesem Experiment war das Haushaltsgeld, das mir zur Verfügung stand. 150 Euro pro Woche blieben Marion für sich, den drei Kindern und den Hund. Das alles war nur machbar, weil sich Marion gegen Arbeitslosengeld und Hartz IV entschieden hat und einen schlecht bezahlten Job als Küchenhilfe in einem Pflegeheim ausübte. Seit vier Jahren schon. Täglich sieben Stunden Geschirrspülen und Küchenhilfsarbeiten für knapp tausend Euro brutto im Monat. Und weil sie auch immer wieder am Wochenende arbeiten musste, machte ich mich an einem Sonntag um sieben Uhr früh das erste Mal auf den dreißigminütigen Fahrweg in die Großküche, um den Dienst der Mutter zu übernehmen.

An diesem Morgen fanden meine Gedanken keine Ruhe, und ich versuchte nachzuempfinden, wie es sich anfühlen mag, nicht nur das eigene Leben meistern zu müssen, sondern auch noch das von drei Kindern. Alleine zu entscheiden, was für den Nachwuchs am besten ist in einem Alltag ohne Vater. Was für ein Druck. Was für eine Hilflosigkeit und Verzweiflung zuweilen.

Seit vier Jahren arbeitete Marion in diesem geschlossenen Pflegeheim als Küchenhilfe. Es war der einzige Job, den sie nach der Trennung auf die Schnelle finden konnte, und obwohl sie Anspruch auf Arbeitslosengeld gehabt hätte, entschied sie sich, ihren Kindern zum Vorbild, arbeiten zu gehen.

Ihre Aufgaben in der Großküche waren monoton. Unbefriedigend monoton und lagen weit unter ihren Fähigkeiten. Spülmaschine ein- und ausräumen, Geschirr mit dem Küchenhandtuch nachtrocknen, Gemüse waschen und vorbereiten und schließlich das fertige Essen austeilen. Das war's. Ich war schon nach einem Tag gelangweilt, und es war mir ein Rätsel, wie Marion das in den vergangenen vier Jahren durchhalten konnte. Sobald die Arbeit erledigt war, holte ich Michelle bei der Tagesmutter ab und half ihr bei den Hausaufgaben. Lars und Justine waren alt genug, den Schulweg alleine zu meistern, und stießen am Nachmittag hinzu. Sie warfen ihre Schulranzen in den Hausflur und trafen sich mit Freunden.

Zweimal in der Woche musste Lars zum Fußballtraining, das im Nachbarort stattfand. Also fuhr ich ihn hin und holte ihn ab. Ebenso Michelle, die irgendwie zum Ballettunterricht kommen musste. Ich habe viel Zeit mit Herumfahren verbracht, mit Warten und Einsammeln der Kinder. Das passte immer nur schlecht in meinen Tagesablauf, denn ich hatte mich ja auch noch um den Haushalt, die Einkäufe, das Essen und die Wäsche der Kinder zu kümmern. Und die psychotische Sissy wollte ja schließlich auch noch dreimal täglich an der Leine durchs Dorf gezogen werden.

Am frühen Abend war ich dann fix und fertig, aber ich musste noch drehen und wollte Interviews mit den Kindern führen. Die intensivsten Gespräche hatte ich mit Justine. Sie vermisste ihren Vater, der sich nicht für die Kinder zu interessieren schien, wohl am meisten. So wie ich als Kind. Justines Schilderungen erinnerten mich immer wieder an das anfängliche Verhältnis zu meinem Vater, der sich ja auch nicht für mich erwärmen konnte. Justine und ich sprachen viel und lange. Über Verlust, Schmerz, Enttäuschung und Hoffnung. Die Gespräche mit ihr wurden für mich zu Flashbacks in meine eigene Vergangenheit. Wahrscheinlich haben uns diese Verbundenheit und das Verständnis füreinander geöffnet, sodass Justine mir vertrauensvoll ihre vielen Probleme anvertraute und ich ihr aus meiner Kindheit und Jugend berichtete.

Aber nicht nur bei den Gesprächen mit Justine und Lars wurde mir immer wieder bewusst, wie sehr ihnen der Vater fehlte, der männliche Part während des Heranwachsens. Auch Marion, die während der acht Tage in einem feinen Hotel in der nächstgrößeren Stadt untergebracht war, und mit der ich jeden Abend eine Telefonkonferenz führte, erzählte mir immer wieder, dass sie bestimmte Bereiche als Mutter gar nicht abdecken kann. So sehr sie sich auch bemühte. Diese Eingeständnisse kannte ich von meiner Mutter. Ich hatte als Jugendlicher oft ihre Hilflosigkeit und Überforderung bemerkt, ihre unausgesprochene Sehnsucht nach einer männlichen Unterstützung und Ergänzung gespürt, aber auch ihren großen Stolz und den Ehrgeiz, es alleine schaffen zu wollen.

Nach drei Tagen drohte mein Experiment als alleinerziehende Mutter plötzlich zu scheitern. Nicht, weil ich die Kontrolle verloren hatte oder die Kinder nicht mehr wollten, sondern weil Marion mit ihrer freien Zeit nichts anzufangen wusste. Ein Tag ohne Kinder und Arbeit wurde für sie zu einer großen Herausforderung. Die meiste Zeit des Tages saß sie in ihrem Hotelzimmer, dachte nur an ihre Kinder und nicht eine Sekunde lang an sich. Weil sie es nicht gewohnt war. Ich empfahl ihr Ausflüge, Treffen mit Freundinnen, lange Spaziergänge und Saunatage, aber nichts von alledem weckte ihr Interesse.

Da die Kinder unser gemeinsames Experiment aber unter keinen Umständen vorzeitig beenden wollten, gab sich Marion dem Wunsch der Mehrheit hin und litt tapfer weiter unter dem für sie ungewohnten Freizeitstress, zur Zwangserholung verdammt. Aus meiner Sicht und der Sicht der Kinder schien das nötig. Justine und Lars bemerkten zwar, dass sie ihre Mutter oft an ihre Belastungsgrenze trieben, konnten dagegen aber nicht viel ausrichten. Auch wenn sie es wollten. Ihr kindlicher Egoismus war einfach zu groß. Und laut aktuellen Statistiken leiden alleinerziehende Mütter mehr als doppelt so häufig unter psychischen Erkrankungen, Burn-out und Depressionen wie verheiratete, und Marion war nur eine von etwa 1,6 Millionen alleinerziehenden Müttern in dem Jahr.

Ich entwickelte nach wenigen Tagen Routine, hatte meine Leihfamilie gut im Griff und war trotzdem jeden Abend aufs Neue platt wie eine Flunder. Was für eine Leistung! Was für eine Disziplin! Was für ein Verzicht! Jeden Abend waren das meine letzten Gedanken, bevor ich für wenige Stunden in den Tiefschlaf fiel.

Zwei Tage vor Ende des Experiments brach dann unvorhergesehen Panik aus. Hündin Sissy hatte sich bei einer gemeinsamen Gassi-Runde einen Rückennerv eingeklemmt und jaulte herzzerreißend. Sie stand auf einmal da wie eingefroren, den Körper in sich verdreht, schaute sie mich um Hilfe flehend an. Weit und breit war kein Retter in Sicht und ich brauchte ein paar Sekunden, um zu realisieren, dass die einzige Möglichkeit, das arme Tier nach Hause zu bekommen, ein Liegendtransport war. Und zwar in meinen Armen. Als ich gerade entschlossen zupacken wollte, fror auch ich plötzlich ein. Nie zuvor hatte ich Sissy angefasst, denn das ließ sie nicht zu. Selbst die Leine musste von einem der Kinder angelegt werden, weil sie kläffend nach mir schnappte, sobald ich mich auch nur mit dem Halsband näherte. Aber jetzt brauchte Sissy dringend meine Hilfe, und das wusste sie. Auch ihr wäre ein weiblicher Retter lieber gewesen, aber sie hatte keine Wahl. Wir beide hatten keine Wahl, und so nahmen wir all unseren Mut zusammen und ließen uns aufeinander ein. Ich griff ihr behutsam und dennoch beherzt um Brustkorb und Po und hielt sie beruhigend in meinen Armen. Sie schnaufte erleichtert, und in ihren großen dunklen Rehaugen konnte ich ganz deutlich lesen: Danke, Jenke!

So machten wir uns auf den Weg zum Tierarzt, der erst mal das Gesicht verzog, als wir seine Praxis betraten. Sissy war für ihn eine alte Bekannte, eine Bekannte, auf die er sich nicht unbedingt freute, da sie ihn auf dieselbe Art begrüßte wie jeden anderen Mann auch: Sie machte Schnapp! Da der Tierarzt auf Schnapp aber keine Lust hatte, rief er seine Sprechstundenhilfe, die mit einer Art Lasso um die Ecke kam. Ohne Sissy zu berühren, schwang der Tierarzt sein Lasso und fing die verdutzte Hündin ein. Noch bevor sie das Cowboyspielchen realisiert hatte, war sie auch schon betäubt, denn die Schwester hatte gleich das passende Narkosemittel mitgebracht. Da lag Sissy nun, völlig entspannt und mit allen Männern in Frieden.

Das Röntgenbild zeigte, dass die Hündin unter einer Degeneration der Rückenwirbel litt. Kleine Kalkwucherungen hatten einen Nerv eingeklemmt. Der würde mit Schmerzmitteln zwar nach ein paar Tagen wieder Ruhe geben, aber langfristig war eine Operation nicht zu umgehen. Denn bei jeder falschen Bewegung würde das Problem erneut auftauchen. Ich nahm die noch schlafende Sissy wieder auf den Arm und brachte sie nach Hause. Jetzt hatte ich neben einem Kleinkind und zwei pubertierenden Teenagern auch noch einen vierbeinigen Pflegefall zu umsorgen.

Sobald Sissy aus ihrer Narkose erwachte, war sie ganz die Alte, und das bedeutete für mich: Schnapp! Kam ich mit der Medizin um die Ecke, fing sie an zu knurren und brodelte vor sich hin wie ein Vulkan kurz vor dem Ausbruch. Das undankbare Tier hatte völlig vergessen, wer sie da zum Tierarzt geschleppt hatte, um ihr die Schmerzen zu nehmen. Nun hätte ich versuchen können, ihr die Tabletten immer dann ins Maul zu werfen, wenn sie es zum Knurren aufriss, doch ich entschied mich für die Salami-Taktik, genauer gesagt für die Fleischwurst-Taktik. Wann immer es Zeit für ihre Medizin wurde, legte ich ihr eine appetitlich dicke Scheibe Fleischwurst in die Küche, die zu ihrem

Revier gehörte, durch das sie mehrmals täglich wie ein hungriger Wolf strich. Ich postierte mich in einer Ecke des Wohnzimmers und beobachtete, ob sie die bittere Pille schluckte. Sissy liebte Fleischwurst. Aber nur ohne Tabletten drin. Sie schüttelte die Scheibe so lange, bis die Pille durch die Küche kullerte und verschlang erst dann die Wurst. Mit der letzten Schluckbewegung schaute sie noch einmal verächtlich in meine Richtung und zog ab. Ich gab auf und überließ es den Kindern, die Hündin medizinisch zu versorgen.

Meine Woche als alleinerziehende Mutter näherte sich dem Ende, und ich war froh darüber. Auf Dauer war mir das echt zu anstrengend und zu nervenzehrend. Für Sonntag war mein Auszug geplant. Nur noch einmal schlafen.

Aber vorher gab es als letzten Höhepunkt noch ein wichtiges Fußballspiel von Sohnemann Lars, das ich als Ersatz-Mama auf keinen Fall verpassen wollte. Die Zeit dafür musste ich beim Hausputz einsparen. Schnell noch Wäsche waschen, Staub und Hundehaare wegsaugen, dann das Gröbste aus dem Katzenklo fischen und mit Vollgas in Richtung Nachbardorf, um wenigstens rechtzeitig zum Anpfiff der zweiten Halbzeit am Spielfeldrand zu jubeln.

Lars' größte Leidenschaft war der Fußball, und obwohl er – wie seine jüngste Schwester auch – auf einem Auge fast blind ist und zudem noch unter einem Herzfehler leidet, powerte er sich regelmäßig bis an seine körperlichen Grenzen aus.

Wo andere längst aufgaben, gab Lars noch mal richtig Gas. Das war in vielen Bereichen seines jungen Lebens so. Was für ein Potenzial in diesem 14-jährigen Jungen steckte, sah man erst auf den zweiten Blick. Sah man nur, wenn man es sehen wollte und sich die Mühe machte. Lars selbst war viel zu bescheiden, um laut aufzutreten, sagte seine Mutter, die sonst jeden Samstag jubelnd am Spielfeldrand stand – neben all den Vätern.

Als ich dort stand, dachte ich: wieder ein Bereich im Leben dieser und ähnlicher Familien, wo der fehlende Vater spürbar wird. Das war bei mir als kleiner Junge auch so. Wann immer meine Freunde etwas mit ihren Vätern unternahmen, wurde mir bewusst, dass ich keinen hatte. Jedenfalls keinen, der sich für mich interessierte, und so klammerte ich mich an die anderen Väter, die für mich aber nie zu einem Ersatz werden konnten. Ich habe einen Vater sehr oft vermisst. Nicht unbedingt meinen, aber einen Mann, der diese Rolle liebevoll und an mir interessiert eingenommen hätte. Das ging damals sogar so weit, dass ich fremde Männer, die ich für tauglich hielt, mit meiner Mutter verkuppeln wollte. Ich war ungefähr zehn Jahre alt, als ich zum ersten Mal auf die Idee kam. Ich hatte damals einen sehr langen Schulweg, den ich im Bus zurücklegen musste. Am liebsten saß ich schräg versetzt hinter dem Fahrer in der ersten Reihe, von wo aus ich jeden seiner Handgriffe am besten beobachten konnte. Schließlich wollte ich später ja auch Busfahrer werden.

Unter den vielen Fahrern gab es einen, der mich schon kannte und der immer sehr nett zu mir war. Wir plauderten während der Fahrt, er fragte mich über die Schule aus und ich ihn übers Busfahren und hin und wieder ließ er mich sogar die Türen öffnen. Das war für mich das Allergrößte. Zu ihm nach vorne kommen zu dürfen und meine kleinen Fingerchen auf die roten Knöpfe zu drücken, damit die Türen sich zischend öffneten oder schlossen. Ich weiß nicht mehr, wie oft ich diese Szenen zu Hause noch nachspielte, während ich meinen Fuß auf das Nähmaschinenpedal meiner Mutter drückte, um meinen Fantasiebus in Fahrt zu bringen.

Eines Tages jedenfalls lud ich diesen Busfahrer zu uns nach Hause ein. Aber natürlich nicht ohne zuvor die Frage gestellt zu haben: Mögen Sie Kinder? Nachdem er laut lachte, es bestätigte und vorgab, meine rhetorische Finesse nicht zu durchschauen, schwärmte ich ihm in den höchsten Tönen von meiner Mutter vor. Beschrieb, wie hübsch sie sei und noch so jung, aber leider auch sehr einsam.

Zu guter Letzt gab ich ihm unsere Adresse und verabredete die beiden für den frühen Samstagabend am bevorstehenden Wochenende. Ich war stolz auf mich, auch wenn mir schon damals klar war, dass ich nicht ganz uneigennützig handelte, tat ich es auch meiner Mutter zuliebe. Und natürlich lockte mich die Aussicht, in Zukunft ausschließlich für das Öffnen und Schließen der Bustüren verantwortlich zu sein.

Es kam leider nie zu einem Treffen zwischen dem Mann mit dem Traumjob und der Mutter, die so einsam schien. Der nette Busfahrer erzählte meiner Mutter, die auf dem Weg vom Büro nach Hause dieselbe Linie benutzte, von meinem Plan, um sicherzugehen, dass ein bevorstehendes Blind Date auch in ihrem Sinne war.

War es aber leider nicht. Ganz und gar nicht, denn meine Mutter suchte keinen Mann, wie sie mir mahnend erklärte, und sie bat mich energisch, in Zukunft von solchen Verkupplungsversuchen doch bitte abzusehen. Ich hielt mich daran, auch wenn es mir verdammt schwerfiel, ganz besonders nachdem ich im Sommer zum ersten Mal mit dem netten Bademeister sprach, der für die Gezeiten im Wellenbad verantwortlich war …

Schließlich ging auch mein letzter Tag als alleinerziehende Mutter einer vierköpfigen Familie mit Hund, Haus, Katze und Spülküchenjob zu Ende. Ich übergab die Kinder wieder an ihre Mutter, winkte Sissy ein letztes Mal zu und stieg erleichtert in mein Auto. Solche Geschichten und Einsichten nehme ich mit nach Hause. Für immer. Und noch heute habe ich sporadischen Kontakt zu Justine, dem damals 14-jährigen Mädchen, dem der Vater so sehr fehlte.

Obwohl auch ich Kind und Jugendlicher einer alleinerziehenden Mutter war, begriff ich die gesamte Dimension erst im Erwachsenenalter. Erst heute weiß ich, was diese Frauen für ihre Kinder leisten und was sie entbehren. Wie sie gewinnen und wie sie scheitern, getrieben von den besten Absichten. Und dass es sich hier nicht um eine Minderheit handelt, denn zur Zeit ist fast jede fünfte Mutter in Deutschland alleinerziehend.

Freiheit

»Wende deinen
Blick der natürlichen
Einfachheit der Welt
zu: dem Himmel,
dem Sonnenlicht, den
Bäumen, den Blumen,
dem Lachen der Kin-
der. Entrümple dich!
Werde wieder leicht
und licht wie der
Gebirgshimmel.«

Drukpa Rinpoche

Es gibt nur noch sehr wenige Menschen auf dieser Erde, die von sich behaupten können, frei zu sein. Absolut frei. Ohne Verpflichtungen, ohne Termine, ohne Bankkonto und ohne Mobilfunkvertrag. Während die meisten, fest verwoben in wirtschaftlicher Abhängigkeit, sich irrtümlich für frei halten, sind die »Seenomaden« Asiens wirklich frei. Noch, denn den Regierungen der einzelnen Länder, in denen sie leben, sind sie ein Dorn im Auge. So viel Freiheit macht anderen Angst. Die Seenomaden entziehen sich jeder Mitsprache, jeder Kontrolle und Volkszählung. Sie wollen in Ruhe gelassen werden und so leben, wie es ihre Ahnen schon taten.

In Asien nennt man sie »Seezigeuner«. Sie gelten als scheu, wenig interessiert an Landbewohnern und leben sehr zurückgezogen auf den Weiten der Meere in der südostasiatischen Inselwelt unter anderem vor den Küsten Thailands, Malaysias, Myanmars und der Philippinen. Nur selten sieht man sie an Land rudern. In einem einfachen kleinen Holzboot nähern sie sich meist in den frühen Morgenstunden der Küste, einzig um die Vorräte der Familie aufzufüllen oder auf der Suche nach einem Ersatzteil für ihr Boot. In ihrem Leben spielt Geld keine Rolle, sie praktizieren den uralten Tauschhandel und bieten an, wonach sie in den Meeren tauchen: Fische, Seeschwämme, Seeigel und Muscheln gegen Trinkwasser, Salz, Reis und eine Art Mehl, aus dem sie einen Brei kochen, der ihr Hauptnahrungsmittel darstellt.

Völker wie die Seenomaden haben mich schon immer sehr interessiert, je weiter weg und isolierter sie leben, desto größer meine Neugier. Mein Ziel war es, nicht nur, die Seenomaden zu besuchen, sondern eine Zeit lang an ihrem Leben teilzuhaben, mit ihnen auf ihren Booten zu leben. Von Deutschland aus mit ihnen in Kontakt treten zu wollen, ist nahezu unmöglich. Mehr als die Meeresregion, in der sie umherziehen, ist an Informationen nicht zu bekommen und viele, die sich auf den weiten Weg gemacht haben, mussten Wochen später ihr Vorhaben abbrechen, ohne auch nur einen »Seagipsy« zu Gesicht bekommen zu haben.

Ich hatte bei solchen Vorhaben immer großes Glück. Auch bei den Seenomaden in Malaysia. Ich recherchierte wie gewohnt sehr gründlich, las alle Bücher und Artikel über sie, die mir in die Finger kamen, und machte mich auf den Weg. Der Kontakt zu schwer erreichbaren Menschen funktioniert nach immer demselben Muster, ich suche das Gespräch zu den Leuten vor Ort. Der erste Ansprechpartner für mich ist immer ein Taxifahrer, denn niemand kennt eine Stadt und ihre Bewohner so genau. Darauf folgt eine Art Kettenreaktion: Der Taxifahrer kennt jemanden, der jemanden kennt, der denjenigen kennt, den ich suche. Über diese Netzwerke habe ich all die Jahre immer die Leute getroffen, die ich gesucht habe, egal, wie aussichtslos es vorher schien. Und so stand ich eines Tages vor dem großen alten Holzboot, auf dem eine zehnköpfige Familie lebte, und bat darum, mit ihnen eine Woche auf dem Meer verbringen zu dürfen, bat um ihre Gastfreundschaft.

Ich war der erste Nichtmalaie, den sie je gesehen hatten, und mein Begehren irritierte sie anfangs sehr. Nachdem sich der Familienrat zusammengesetzt hatte und das Für und Wider meines Besuches diskutiert wurde, baten sie mich auf ihr Hausboot und reichten mir ein Willkommens-Getränk. Mein großes Interesse an ihrem Leben, ihrem Alltag und die Tatsache, dass ein Fremder wie ich dafür seine »wertvolle« Lebenszeit opfert, beeindruckten sie so nachhaltig, dass sie mich einluden. Man könne mir aber nicht viel Platz zur Verfügung stellen, weil es den an Bord nicht gäbe. Jeder Zentimeter der Holzplanken wurde genutzt von den Sachen, die eine zehnköpfige Familie mit zwei Kleinkindern zum Leben nun mal braucht, und so blieb mir als Schlafplatz nur der harte Holzboden am Ende des Bootes. Das war mir egal, denn ich war überglücklich, es überhaupt auf ihr Boot geschafft zu haben, und im Gegenzug zu dem harten, zugigen Deckplatz bekam ich einen atemberaubenden Sternenhimmel, das beruhigende Plätschern der Wellen und die erlebten Geschichten, die sich Seenomaden in Form von Liedern abends vorsingen, geboten.

Beeindruckt von der Gelassenheit dieser Meeresbewohner und der Konzentration auf das Nötigste, spürte ich von Tag zu Tag, wie ich immer mehr entschleunigte, wie sich meine Sicht auf das Leben veränderte und wie ich meine eigenen Ansprüche, mein Dasein überdachte. Dabei verfiel ich nicht in eine Verklärung der Realität, indem ich ihr Leben idealisierte und romantisierte. Ich sah sehr genau den Verzicht, den auch sie spürten, allein, wenn es um das tägliche Essen ging. Oft gab es nicht genügend Nahrung, um jedes Familienmitglied satt zu bekommen. In diesen Momenten konzentrierte man sich auf die Schwächsten und aus ihrer Sicht Wichtigsten, und so bekamen die Kinder und das männliche Oberhaupt der Familie etwas zu essen. Der Rest leistete Verzicht, ohne eine Bemerkung darüber zu verlieren.

Vielmehr machten sie sich gemeinsam Gedanken, in welches Gebiet man am kommenden Tag weiterziehen sollte, um endlich wieder Fische in die Netze zu bekommen, denn seit drei Tagen waren die Maschen leer geblieben. Die Familie war gezwungen, auf den Fang von Seeigeln auszuweichen. Die stacheligen Tierchen gehörten nicht unbedingt zu ihrer Lieblingsspeise, waren aber ein wertvolles Backup, das es immer in Massen gab. Das Fleisch dieser Tiere ist sehr schmackhaft, und es versorgt die Menschen mit wichtigen Mineralstoffen und Spurenelementen. Da in einem Seeigel aber nur ein Daumennagel großes Stück Fleisch genießbar ist, müssen sehr viele dieser stacheligen Tierchen mit der Hand vom Meeresboden gesammelt werden. Das dauert und tut weh. Während meines Aufenthaltes an Bord war das die Aufgabe des jungen Ehepaares Tinea und Mok, die sich jeden Tag darauf zu freuen schienen, mit dem kleinen Beiboot auf die Seeigel-Jagd zu gehen. Nicht, weil es ihnen so viel Spaß machte, sondern weil es für sie die einzige Möglichkeit war, alleine zu sein und Dinge zu machen, die nicht nur junge Ehepaare gerne unbeobachtet tun.

Tinea erzählte mir, dass die meisten Seenomadenpärchen ihre Kinder in den Sträuchern am Ufer oder in den kleinen Wäldern an Land zeugten, weil sie auf den Hausbooten nie alleine und ungestört sein konnten. Auch ihr Mann sei an einem solchen Ort entstanden, verriet sie mir, als Mok sich erneut mit seiner kleinen Taucherbrille in die Tiefe schraubte, um noch mehr Seeigel zu ernten.

Tinea selbst ist vor ihrer Ehe eine Landbewohnerin gewesen. Sie war die Tochter von Seenomaden, die schon vor Jahrzehnten sesshaft geworden sind. Seit drei Jahren schon lebte sie auf dem Boot mit der Familie ihres Mannes, und der Preis, den sie für ihr neues Leben zahlte, war ein sehr hoher: Tinea wurde regelmäßig seekrank. Dann lag sie bleich auf dem Deck oder beugte sich würgend über die Reling. Wo unsereiner seinen Partner bitten würde, die Lebensumstände doch bitte in die Richtung zu verändern, dass man nicht täglich mit der Übelkeit kämpfen muss, nehmen Seenomaden diese Umstände einfach widerstandslos hin. Sie gehören zum Leben einfach dazu, sind unabwendbar. An den Tagen, an denen Tinea vom Meer außer Gefecht gesetzt wurde, übernahmen die anderen Frauen ihre Aufgaben. Ebenfalls ohne ein Wort darüber zu verlieren. Ich wollte von Tinea wissen, ob sie denn insgeheim von ihrem früheren Leben an Land träume, einem Leben ohne Übelkeit und ständigem Seegang, und ich war sehr überrascht, wie sehr sie sich ausschließlich auf das Positive konzentrierte und dem Negativen keinen Raum ließ, so wie es alle Familienmitglieder auf diesem Boot in den meisten Situationen handhaben:

»Ich fühle mich nicht mehr wohl, wenn ich auf der Insel bin oder in der Stadt. Ich liebe mein Leben auf dem Boot. Wir können überall hinfahren, fischen uns aus dem Meer, was wir zum Essen brauchen, und ziehen von Insel zu Insel. Ich möchte weiterhin auf dem Boot leben und das Meer um mich herum haben. Nur hier fühle ich mich wirklich frei, da nehme ich die Seekrankheit gerne in Kauf.«

Die Rollen und Aufgaben an Bord sind zwar klar verteilt, und doch helfen sich alle gegenseitig und springen für den anderen ein. Die Wassermenschen von Malaysia bilden eine verschworene, dichte Gemeinschaft, die bis an ihr Lebensende zusammenbleibt. Nur wenn ein weibliches Familienmitglied heiratet, wechselt es auf das Boot des Ehemannes zu dessen Familie.

Natürlich geraten auch Seenomaden in Situationen, in denen sie sich selbst nicht mehr weiterhelfen können. Nämlich dann, wenn ein Familienmitglied ernsthaft krank wird. Dann sind sie gezwungen, die nächstgelegene Insel anzusteuern, um einen Arzt aufzusuchen, dem sie Fische und schöne Muscheln für eine Behandlung anbieten.

Alle anderen Probleme und Entwicklungen lösen sie an Bord des Schiffes selbst, von der Geburt neuer Familienmitglieder über die Reparatur des Schiffsmotors bis hin zur Bestattung der Verstorbenen.

Nach zwei Tagen wurden die Gelassenheit der Familie und der beschlossene Standortwechsel belohnt. Endlich gab es wieder Fisch. Die Netze waren gut gefüllt, und plötzlich gab es so viel Fisch, dass auch größere Reparaturen und Anschaffungen im Familienkreis diskutiert wurden. Und falls danach noch Fisch übrig bleiben würde, könnten auch persönliche Wünsche erfüllt werden. Doch was wünscht sich ein Seenomade, der kaum Wert auf Materielles legt?! Da unterschieden sich die Frauen und Männer kaum von uns. Die einen träumten von einem kleinen Radio, das sie mit der Außenwelt verbindet, die anderen von einem hübschen Tuch, um es sich als Kleid umzuwickeln.

Auf dem großen Markt von Semporna wurde alles angeboten, was die Menschen an Land und auf dem Meer brauchten, und bezahlt wurde in zwei Währungen: mit Geld oder Fisch.

Aus jeder Himmelsrichtung herbeirudernd, steuerten Wassermenschen an diesem Tag den kleinen Hafen mit seinen noch kleineren Marktständen an. Ihre Tauschmittel hatten sie appetitlich hergerichtet und vor sich in den Booten ausgelegt. Das war oft sehr beeindruckend und manchmal auch sehr traurig, wenn beispielsweise eine junge Frau mit Baby im Brusttuch nicht mehr als zwei Bärenkrebse anzubieten hatte und von dem alten Mann lediglich drei zappelnde Fische aufgewogen werden konnten. Wenn beide Glück hatten, würden sie jeweils mit einem Sack Reis zurück aufs offene Meer rudern können und hätten dadurch die Ernährung ihrer Familien für ein paar Tage gesichert. Meine Gastfamilie hatte großes Glück an diesem Tag, denn sie bekamen, was sie brauchten. Auch ein kleines Radio und ein paar Meter hübschen Stoff. Dazu von mir, als Dank für ihre Gastfreundschaft, Benzin und besondere Lebensmittel, auf die sie ansonsten verzichtet hätten. Sie nahmen beides dankbar, aber auch ohne Scheu an. Geben und Nehmen – ein Leben im Tausch.

Als wir den festen Boden der Insel verließen, bat ich meinen Dolmetscher Oyong, in die Nachbarbucht zu rudern, denn dort hatte ich eine größere Armensiedlung entdeckt, errichtet aus Stelzen-Häusern. An diesem Ort, so erfuhr ich von Oyong, hatten sich Seenomaden-Schicksale großflächig angesiedelt, und seine eigene Familie gehörte dazu. Bis vor drei Jahren lebten auch sie noch auf dem Boot, doch nachdem der alte Schiffsmotor seinen Geist aufgegeben hatte und weder Geld noch genügend Tauschware für einen neuen Motor aufzutreiben waren, mussten sie dem Lockangebot der malaysischen Regierung nachgeben und ihr Leben auf dem Meer für immer hinter sich lassen. Denn wer sich einmal an Land niedergelassen hat und sei es auch nur für die Wochen, die nötig sind, um Geld für die Reparatur zu verdienen, hat seinen Status als freier Seenomade für immer verloren. Dies besagt ein Gesetz, das die malaysische Regierung verabschiedet hatte, um die Wassermenschen dauerhaft an Land zu binden. Man will die letzten »Wilden« in die Masse der Kontrollierbaren eingliedern, man will sie mit Pässen ausstatten und sie so zu »normalen« Bürgern machen, oft auf eine sehr subtile Art und Weise. So wird in Not geratenen Familien eine Unterkunft gezimmert und eine Abhängigkeit geschaffen, indem man ihnen die Kosten als Darlehen nachträglich in Rechnung stellt. Fische und anderes Meeresgetier werden in diesem Fall als Zahlungsmittel natürlich nicht akzeptiert!

Hinzu kommt die Schulpflicht für Seenomaden-Kinder, die ab ein paar Wochen Landaufenthalt entsteht. Einmal schulpflichtig, immer schulpflichtig. Obendrauf legt die Regierung noch einen kleinen finanziellen Köder in Form von umgerechnet 260 Euro. Das ist für einen Landbewohner nicht halb so beeindruckend wie für einen Seenomaden, der sich plötzlich als sehr wohlhabend fühlt, und an dieser Stelle beginnt für viele der Untergang. Leben sie anfangs recht gut von ihrem neuen Vermögen, geraten sie in Not, sobald das Geld aufgebraucht ist, denn auf den kleinen Inseln gibt es nicht genügend Arbeit für alle. Wer keinen Job findet, verarmt nach kurzer Zeit, und die ungewohnte Freizeit verursacht zusätzliche Probleme, sie zerstört das Leben dieser Menschen schleichend. Beispiele hierfür gibt es zur Genüge, wie ein Blick in Richtung Thailand zeigt:

Die Insel Koh Lipe galt einmal als eine der schönsten des Landes. Eine Region, zwei Bootsstunden vom Festland entfernt, in der es vor Jahren noch von Seenomaden-Booten wimmelte. Fischreich war die Gegend und bot den Wassermenschen ein gesichertes, freies und gutes Leben. Heute leben auf dem Wasser keine Seenomaden mehr. Wenn man sie noch antrifft, dann nur noch als Taxifahrer in umgebauten Booten, mit denen sie die Touristen von der Fähre ans Ufer transportieren. Die thailändische Regierung hatte sie an Land gelockt, ihnen das freie Leben auf dem Meer mit Geld und Gesetzen abgeluchst. An offiziellen Stellen wird das jedoch wortklauberisch abgestritten, wie ich von dem Polizeichef der Insel erfuhr:

»Es gibt keine Gesetze, die es den Seenomaden verbieten, auf ihren Booten zu leben. … Wir haben jedoch ein Gesetz erlassen, das das Gewässer um die Insel herum zum Naturschutzgebiet erklärt hat. Und da dürfen sie mit ihren Booten nicht mehr durch.«

Der Polizeichef hatte eine Alkoholfahne und wirkte nicht mehr ganz nüchtern. Vor dem Interview, als die Kamera noch aus war, schimpfte er auf die Seenomaden, sprach über sie herablassend. Vor laufender Kamera verließ er sich lieber auf die offizielle Amtssprache und verlieh seinen Worten noch mal Nachdruck.

»Wenn wir erfahren, dass jemand mit dem Boot rausgefahren ist und nach bestimmter Zeit nicht wieder zurückkommt, dann werden wir ihn suchen.«

Wie tragisch, oder?! Die Seenomaden sind auf Koh Lipe zu Gefangenen geworden. Ihrer Freiheit beraubt, leben sie auf einer Insel, die ihnen kaum Verdienstmöglichkeiten bietet. Ihr jahrhundertealtes Wissen über das Meer ist an Land nichts mehr wert. Viele ehemalige Seenomaden können mit ihrem neuen Leben nichts anfangen. Es heißt, die Kriminalitätsrate auf Koh Lipe sei in den letzten Jahren auffallend stark gestiegen.

Meine Seenomaden-Gastfamilie in Malaysia war von dieser Endstation noch weit entfernt. Zum Glück. An Bord ahnte man aber bereits, was nach einer Zwangsansiedlung an Land drohen würde. Vielleicht war auch das ein Grund, warum sie so selten wie nur möglich eine Insel ansteuerten. Sie liebten ihr Leben so, wie sie es führten, sie wollten nichts verändern. Ein beschwerliches Leben mit viel Verzicht und Unvernunft. Aus unserer Sicht. Sie sahen das ganz anders. Und das ist gut so, denn schließlich ist es ihr Leben.

Ich empfand ihre Sicht der Dinge als eine große Gabe. Ist die Situation auch noch so beschwerlich, konzentrieren sich diese Menschen erst einmal auf das Positive und ziehen daraus ihre Kraft. Sie konzentrieren sich auf das, was sie haben, und schätzen es. Sie gieren nicht nach immer mehr. Als ich mit ihnen über Neid sprechen wollte, stieß ich auf allergrößte Probleme. Nicht, weil sie von Neid erfüllt lebten, sondern weil sie das Wort Neid nicht kannten. Auch mein Dolmetscher fand kein Wort, mit dem er es ihnen erklären konnte. Neid kam bei ihnen nicht vor, also brauchte man auch kein Wort dafür. Vielleicht war diese Familie nur eine Ausnahme, schließlich gibt es Neid überall, selbst unter Tieren. Vielleicht hatte ich aber auch einen Familienverbund erwischt, der wirklich anders war als die anderen. Ich konzentrierte mich lieber auf diesen Gedanken.

Meine Woche mit den Seenomaden ging schneller zu Ende, als mir lieb war, mal abgesehen von dem verdammt ungemütlichen Schlafplatz und dem täglichen Seeigel-Sushi. Nicht ein einziges Mal hatten sie mir eine Frage nach meinem Leben gestellt, wie ich es führe, was für mich Glück bedeute. Einzig mein

Glück und meine Zufriedenheit an Bord waren ihnen wichtig. Der Fokus bestimmt das Leben!

Zurück an Land geklettert, schaute ich ihrem Boot noch lange hinterher. Ich nahm mir wieder einmal vor, das Erlebte und Erfahrene in meinen Alltag zu integrieren. Noch gelassener zu werden, bescheidener und geduldiger. Noch mehr das zu schätzen, was ich habe, und mich nicht auf das zu konzentrieren, was ich nicht habe. Was ich auch gar nicht brauche, um glücklich und bei mir zu sein!

Vom
Übel der
Gewohnheit

»Es gibt keinerlei Lebensumstände, an die der Mensch
sich nicht gewöhnen könnte,
besonders wenn er sieht, dass
alle in seiner Umgebung genauso leben.«

Leo N. Tolstoi

Alle drei Stunden wird in der mexikanischen Stadt Ciudad Juárez ein Mensch ermordet. Es herrscht Krieg in Juárez, aber nicht im herkömmlichen Sinne. In der Grenzstadt zu den USA geht es um Macht, Gebietsansprüche der Drogenkartelle und um Milliarden von Dollar. Polizisten und Soldaten stehen dem organisierten Verbrechen meist machtlos gegenüber, oder sie haben die Seite gewechselt und arbeiten nebenbei auch noch für die Drogenbosse. Weltuntergangsstimmung in einer Stadt, die vom Wirtschaftsmagazin Forbes – noch vor Kabul in Afghanistan – zur gefährlichsten Stadt der Welt gewählt wurde. Und trotzdem leben dort freiwillig Menschen, die mit der Kriminalität nichts zu tun haben, und täglich ziehen neue hinzu und machen damit Juárez zu einer der am schnellsten wachsenden Städte Mexikos.

Warum? Wie kann man nur?

Weil der Mensch sich an wirklich alles gewöhnt. Selbst an eine absolut lebensfeindliche Umgebung. Um herauszufinden, wie das funktioniert und wie sich die Bewohner dieser Stadt auf die sie ständig umgebende Gewalt einstellen, bin ich dorthin gereist, um eine Woche lang dort zu leben.

Jeder, der eine kugelsichere Weste anziehen muss, ahnt, dass sie nur einen sehr geringen Schutz bietet. Denn durch die Weste wird automatisch der Kopf zur Zielscheibe. Keine angenehme Vorstellung. Überhaupt fühle ich mich auf der Ladefläche des

Polizeiwagens ungeschützt, als säße ich auf einem Präsentier-teller.

Das sehen im Übrigen auch die Gangster so und töten jeden Monat auf diese Art im Schnitt zehn Polizisten. Sie schießen sie während der Fahrt einfach von ihren Autos herunter. Aus diesem Grund sind alle Mann schwer bewaffnet und in ständiger Alarmbereitschaft. Es hat viele Verhandlungen und eine Menge Überredungskunst gebraucht, um als Journalist die Polizisten während ihres Dienstes begleiten zu dürfen, denn meine Anwesenheit bedeutet für alle Beteiligten eine zusätzliche Gefahr. Wie gefährlich der Polizeiberuf in dieser Stadt ist, beweisen Dutzende von Fotos von im Dienst erschossenen Kollegen, die in jedem der drei Polizeireviere hängen. Die gerahmten Bilder bedecken die Wände lückenlos. Bitter ist der Anblick der lächelnden und mit Berufsstolz erfüllten Männer, die nicht mehr leben, weil sie sich den Bösen in den Weg gestellt haben.

Die einzig noch sicheren Orte für einen Polizisten in dieser Stadt scheinen die Polizeireviere zu sein, vor die man zusätzlich dicke Betonmauern installiert hat, die vor Schüssen und Attentaten schützen sollen. Trotzdem werden immer wieder Polizisten getötet, sobald sie ihre Reviere verlassen. Nach Angaben der Regierung starben in Juárez in den letzten drei Jahren rund zweihundertfünfzig Polizisten und Soldaten im Kampf gegen die Drogenkartelle.

Kein Wunder, dass dieser extreme Druck Auswirkungen auf das Privatleben der einzelnen Männer hat. Martins Ehe ist durch seinen Polizeiberuf in die Brüche gegangen. Seine Frau kam mit der täglichen Angst um ihren Mann nicht mehr klar. Jetzt wohnt sie am anderen Ende der Stadt mit den gemeinsamen drei kleinen Kindern.

Warum macht der 30-Jährige trotzdem weiter? Warum riskiert er, dass seine Kinder ohne Vater aufwachsen müssen, statt seinen Beruf an den Nagel zu hängen? In ein paar Tagen hoffe ich, schlauer zu sein, denn Martin wird mich mit auf Patrouille nehmen, er wird mir seinen Stadtteil zeigen, der anders ist als alle anderen, die ich in meinem Leben bisher gesehen habe: dreckig, zerschossen und ohne jede Zukunft. In den Gassen wimmelt es von Menschen, denen man ihre Aggression und Hemmungslosigkeit schon aus großer Entfernung ansieht.

Das Polizeifahrzeug, auf dessen Laderampe wir klettern, fällt durch seine Einschüsse auf. Zwei Löcher in der Windschutzscheibe, eins in der Beifahrertür. Die Kollegen, auf die im Einsatz geschossen wurde, blieben unverletzt, versucht Martin mich zu beruhigen.

Seit eineinhalb Jahren arbeitet der junge Mann jetzt als Polizist, vorher hatte er seine eigene kleine Firma. Die Wirtschaftskrise schlug zu, und Martin hatte plötzlich keine Kunden mehr. Ein Freund besorgte ihm den Job bei der Polizei von Juárez. Der junge Mann mit den weichen Gesichtszügen ist stolz auf seinen Job, sagt er, weil er etwas bewegen kann, um seine Stadt zu einem besseren Ort zu machen. Doch ich sehe auch Angst und Resignation in seinem Gesicht und spüre den nagenden Zweifel, ob man jemals über das Böse siegen kann.

»*Hast du Angst vor dem Tod?*«, frage ich ihn in einem stillen Moment, in dem ich ihn als besonders nachdenklich empfinde.

»*Man gewöhnt sich daran, dass er ein Teil des Jobs ist. Ich habe keine Angst zu sterben, aber ich will natürlich auch nicht sterben. Doch es schreckt mich nicht. Ich weiß, das Risiko ist hoch.*«

Ich spüre, dass Martin sich darüber in vielen schlaflosen Nächten seine Gedanken gemacht hat und dass er für sich zu dieser Erkenntnis gekommen ist. So banal seine Worte klingen, sie sind nicht einfach so dahergesagt.

»*Hast du je mit einem Kollegen gesprochen, der von einer Pistolenkugel verletzt wurde?*«

»*Ja. Ich kenne viele von ihnen. Sie sind so alt wie ich. Ich kenne einen, der hatte eine Kugel im Kopf und eine im Rücken. Ein anderer bekam gleich sieben Schüsse ab.«*

»Tut so ein Einschuss sehr weh?«

»Meine Kollegen haben mir erzählt, sie hätten den Einschuss nicht gespürt. Aber danach, einige Minuten später, hätte es verdammt wehgetan.«

Vielleicht denken Martin und ich in diesem Moment genau das Gleiche: Man weiß nie genau, wann man in Gefahr schwebt und wann nicht.

Ende des Gesprächs. Stimmungswechsel. Wir werden zu einer Schießerei gerufen. Ich habe sofort Bilder im Kopf und einen angespannten Magen. Was wird uns am Tatort erwarten? In was werden wir da gerade hineingezogen? Wer ist hier der Gute und wer der Böse?

Schätzungen gehen davon aus, dass sechzig Prozent der Bewohner dieser Stadt für das organisierte Verbrechen arbeiten. Warum so viele? Und weshalb ausgerechnet in dieser Stadt?! Weil Ciudad Juárez direkt an der US-amerikanischen Grenze liegt.

Die Lage macht die Stadt für den Drogenhandel so einzigartig. Riesige Mengen Heroin und Kokain aus ganz Mexiko werden durch Juárez in die USA geschmuggelt, allein neunzig Prozent des Kokainbedarfs ganz Amerikas. Vier Brücken verbinden Juárez mit der texanischen Stadt El Paso. Die Schlangen der Tagespendler sind lang. Einhunderttausend Menschen überqueren jeden Tag die Grenze, kontrollieren kann man sie nur stichprobenartig. Nach wenigen Schritten wartet eine scheinbar andere Welt: El Paso ist eine sehr ordentliche Stadt, wohlhabend und – der Kontrast könnte nicht stärker sein – die zweitsicherste Stadt in den USA. Trotz ihrer Nähe zu Juárez. Neunzig Prozent aller Verbrechen in El Paso werden aufgeklärt. Auf der anderen Seite der Grenze sieht es dramatisch anders aus. Neunzig Prozent der Verbrechen in Juárez bleiben ungelöst.

Ein Grund für diese hohe Quote ist längst gefunden: Niemand traut hier niemandem mehr über den Weg, seitdem man weiß, dass die Korruption sich wie ein Krebsgeschwür durch den kompletten Polizeiapparat gefressen hat, bis hin in hohe Regierungskreise. Ich treffe den Mann, der damit aufräumen will, José Reyes Ferriz, den Bürgermeister von Ciudad Juárez. Er hat den Drogenbossen den Kampf angesagt und machte sich damit über Nacht die schlimmsten Feinde, die man sich vorstellen kann. Von sechs Bodyguards rund um die Uhr beschützt, zieht selbst er es vor, im benachbarten El Paso zu leben. Schon sein Dienstantritt verursachte einen riesigen Aufruhr in der Stadt, denn er hatte mit einer aufsehenerregenden Aktion einen Großteil der korrupten Polizisten samt Polizeipräsident entlassen. Seitdem bekomme er doppelt so viele Morddrohungen wie vorher, verrät mir der etwa fünfzigjährige, kleine füllige Mann mit randloser Brille.

»Die Drogenkartelle hatten die Polizei unterwandert. In Juárez hatten wir vor meinem Amtsantritt 1600 Polizisten. 1600 sehr korrupte Polizisten. Und das in einem kleinen Polizeiabschnitt. Also musste ich erst mal aufräumen und dann die Einheit vergrößern. Ich habe die Hälfte der Polizisten rausgeschmissen, indem ich folgende Tests eingeführt habe: den Lügendetektor, einen Drogentest und ich habe überprüfen lassen, woher sie ihr vieles Geld hatten. Und plötzlich, nach diesen Tests, hatte ich nur noch halb so viele Polizisten zur Verfügung.«

Keiner meiner sieben Tage in Juárez verlief ruhig. Immer änderten sich in letzter Minute die Pläne. Wir sind auf dem Weg zurück ins Hotel, als wir plötzlich in eine Straßensperre geraten. Ein Mörder wird gesucht. Nur wenige Meter von uns entfernt hat ein Mann ein Blutbad hinterlassen. Noch nie stand ich so nah an einem Ort des Verbrechens. Erschossene Menschen, die auf der Straße liegen, kenne auch ich nur aus dem Fernsehen.

Die Polizisten erzählen mir, dass die beiden Opfer eine Reifenpanne hatten. Sie waren gerade mit dem Reifenwechsel beschäftigt, als plötzlich ein Auto neben ihnen hielt, aus dem geschossen wurde. Zwei Personen wurden getötet und eine weitere schwer verletzt. Ein solcher Mord hinterlässt eindeutige Spuren. Immer. Und trotzdem wird eher selten ein Täter überführt. Es heißt, nach wie vor seien viele Beamte korrupt oder würden selbst für die Kartelle arbeiten. Die Kriminaltechniker wissen meist schon nach kurzer Zeit, aus welcher Gang die Opfer und aus welcher die Täter stammen. Denn jede Gruppe hat ihre Erkennungszeichen, ihre favorisierten Waffen. Und jede Gruppe tötet auf ihre ganz eigene Art. Hinterlässt bewusst und als Abschreckung ihre typische Handschrift.

Bis die Spurensuche abgeschlossen ist, wird der Tatort von der bewaffneten Bundespolizei gesichert. Man hat aus der Vergangenheit gelernt, dass so mancher Täter an den Ort des Verbrechens zurückkommt und auf die ermittelnden Polizisten schießt. Und auf die Journalisten. Denn auch die Berichterstattung wollen die Drogenbosse unter ihre Kontrolle bringen.

Meine erste Nacht verbringe ich nahezu schlaflos. Zu viele Bilder und Gedanken kreisen in meinem Kopf. Ich lausche gespannt den fremden Schritten vor meinem Zimmer und muss an Spielfilmszenen denken, in denen Killer ihre Opfer durch die geschlossene Tür erschießen. Immer wieder stehe ich auf und schaue vorsichtig durch die kleinen Vorhänge am Fenster. Mein Zimmer liegt im ersten Stock und ist für jedermann leicht und unbemerkt zu erreichen, weil der Eingang auf einer Art Veranda liegt.

Ich bin sehr froh und erleichtert, nach einem unruhigen Kurzschlaf die Augen öffnen zu können, und frage mich, ob das den Bewohnern dieser Stadt auch so geht. Ist auch für sie jeder neue Morgen ein Geschenk?

In der Zeitung, dessen Titelblatt die Schießerei des Vorabends als Aufmacher erzählt, werden die Namen der Opfer bekannt gegeben. Von Persönlichkeitsrechten scheint man hier nicht viel zu halten, denn auf den vielen Fotos sieht man die verzerrten Gesichter der blutüberströmten Männer. Unter ihnen befindet sich der Sohn eines bekannten Rechtsanwaltes. Sein Vater hatte sich offenbar mit der falschen Gang eingelassen. Damit der Rechtsanwalt sich in Zukunft seine Mandanten umsichtiger aussucht, hat man ihm eine Warnung geschickt. Den erschossenen Sohn. Diese Form der brutalen Abschreckung hat zugenommen in Ciudad Juárez. Der Bürgermeister nennt Zahlen, die ihm schwer zu schaffen machen, denn sie stammen aus seiner Amtszeit: »*Alle zwei Stunden wird in dieser Stadt ein Mensch ermordet!*« Und diese Morde lähmen eine 1,3-Millionen-Einwohner-Metropole.

Aber was für ein Leben führen hier eigentlich die Menschen, die mit der Kriminalität nichts zu tun haben? Um sie zu fragen, muss man sie erst einmal finden. Und das wird je nach Stadtteil zu einer Herausforderung. Viele Bewohner bleiben mittlerweile auch tagsüber in ihren Häusern oder verlassen ihren Arbeitsplatz nur zum Feierabend. Geschäfte bleiben geschlossen und verbarrikadiert. Seit vor wenigen Tagen auch noch zur Mittagszeit zum ersten Mal eine Autobombe in der Stadt explodiert ist und Unbeteiligte in den Tod riss, verlassen die ersten Menschen ihre Stadt.

»*Aber wie verpflanzt man einen alten Baum wie mich, der jetzt seit 55 Jahren hier lebt?*«, fragt mich José Angel, als ich ihn vor seinem Haus anspreche.

»*Haben Sie Angst, hier zu leben?*«

»*Ja, ich habe große Angst, denn du weißt nie, wann hier jemand vorbeifährt und einfach losballert. Nicht, weil sie gezielt uns Bewohner umbringen wollen, sondern weil man hier immer zur falschen Zeit am falschen Platz stehen kann. Es ist verdammt gefährlich hier. Letzten Monat erst gab es gegenüber von meinem Haus eine Schießerei, bei der auch drei Unschuldige getötet wurden. Unter ihnen eine Frau, die mit ihrem Auto an der roten Ampel hielt. Sie stand plötzlich im Kugelhagel. – Du weißt nie, wann die Kugeln kommen, woher die Kugeln kommen und was gerade passiert.«*

Und trotzdem kehrt José seiner Stadt nicht den Rücken, erträgt seit Jahren die große Angst und nimmt die Gefahr in Kauf, auch eines Tages in eine Schießerei zu geraten. Seine beiden Söhne sind längst erwachsen und in die USA geflüchtet, aber er und seine Frau wollen nicht gehen und schauen lieber zu, wie es weiterhin bergab geht, denn auch die Touristen bleiben weg. Bis vor wenigen Jahren war der Tourismus eine der Haupteinnahmequellen von Ciudad Juárez, das für seine Partymeilen bekannt war, für sein Nachtleben und die günstigen Preise. Doch nachdem die Straßengangs das Schutzgeldgeschäft für sich entdeckt hatten und erste Bar- und Restaurantbesitzer sich weigerten zu zahlen, stand Juárez in Flammen. Solche Bilder locken keine Gäste in die Stadt.

Zwölf Morde pro Tag lautet die aktuelle Statistik. Da muss die Polizei sich ranhalten und kann doch nicht mehr tun, als Präsenz zu zeigen. Martin und ich rasen von Tatort zu Tatort und stehen plötzlich wenige Minuten später neben einem jungen Mann, der von drei Halsschüssen niedergestreckt ums Überleben kämpft. Kurze Zeit später verliert er diesen Kampf. Die Polizei geht von einem Auftragsmord aus. Drei Schüsse in den Hals sind ein eindeutiges Erkennungszeichen für einen gezielten Angriff, bei dem der Täter auf Nummer sicher geht.

Es scheint, als hätten sich die Auftragskiller in Juárez an diesem Tag abgesprochen. Während wir neben dem sterbenden Mann stehen, wird in drei nah beieinander liegenden Straßen zeitgleich geschossen, und die Polizei kommt nicht nach. Ist genau das die Strategie der Killer? Auf Anordnung des Polizeichefs hin fahren Polizei und Rettungskräfte bei gleichzeitig stattfindenden Schießereien immer zuerst an den Tatort, an dem mit den meisten Opfern zu rechnen ist. Jetzt, am frühen Nachmittag, ist das ein Friseurgeschäft. Quer im Laden verteilt liegen fünf Tote. Sie tragen noch die Umhänge, und ihre Haare sind voller Schaum. Ein Unbekannter hatte wild um sich geschossen und jeden niedergemetzelt, der sich in dem Geschäft aufgehalten hatte. Inklusive Frisör.

Dieses Vorgehen ist ein Indiz dafür, dass der Täter sehr jung sein muss, sagt Martin. Auftragsmörder arbeiten besonnener. Möglich ist auch, dass unter den Opfern Unschuldige sind. So etwas passiert immer wieder. Es heißt: Zwanzig Prozent der getöteten Menschen in Juárez sind unbeteiligte Bürger. Diese stehen in großer Menge vor dem Geschäft, machen Handyfotos und diskutieren über das Geschehene. Alte Männer, Jugendliche, selbst Mütter mit ihren Kindern. Unter den Schaulustigen sind Zeugen des Verbrechens. Doch mit der Polizei redet niemand. Das käme einem Selbstmord gleich. Auch mit mir mag hier niemand vor laufender Kamera sprechen. Alle fürchten sie Rache, von wem auch immer.

Als ich mich den Umstehenden ohne Kamera nähere und Einzelne danach frage, wie es sich an einem solchen Ort leben lässt, antworten sie mir: »Woanders ist es doch auch nicht besser!« Das nenne ich Resignation.

Die große Scheu, mit Fremden zu sprechen, zieht sich wie ein roter Faden durch die gesamte Stadt. Drei Tage habe ich allein gebraucht, um einen Bestatter zu finden, der meine Fragen beantwortet. Am Anfang legte er gleich auf, doch nach unzähligen Gesprächsversuchen und meinem persönlichen Vorsprechen willigt er schließlich unter der Bedingung ein, dass ausschließlich im Hinterhof gefilmt und dass das Interview nicht im mexikanischen Fernsehen gesendet werden dürfe. Als ich sein Büro betrete, schaut er sich im Fernsehen gerade die Nachrichten an, in denen bildstark von den heutigen Morden berichtet wird, und mir wird bewusst, dass der Bestatter Jorgé Acosta seine Kunden von morgen schon heute sehen kann. Sein Geschäft läuft gut. Sehr gut, wie er sagt, aber auch er müsse äußerst vorsichtig sein, denn selbst die Bestatter werden von den Gangs mit dem Tod bedroht, wenn sie nicht den Mund halten. Niemand soll erfahren, wie und mit wie vielen Schüssen einer ihrer Gangmitglieder hingerichtet wurde. Die Bestatter werden auch bedroht, wenn sie sich um vermeintliche Feinde der rivalisierenden Gruppen kümmern.

Seit zwanzig Jahren bereitet Jorgé Leichname für die Beerdigung vor, insgesamt über 7000 Tote lagen auf seinem Tisch, der eigentlich eine Stahlplatte mit Ablauf ist. Weniger als die Hälfte seiner Kunden sind in dieser Zeit eines natürlichen Todes gestorben, sagt er. Ich möchte von ihm wissen, was sich in seinem Beruf in den letzten Jahren verändert hat.

»Noch vor vier Jahren hatte ich im Schnitt sieben Leichen pro Woche. Heute sind es pro Woche zwanzig Leichen. Tendenz steigend. – Es gibt eigentlich nichts, was ich hier nicht schon gesehen habe. Mich schockiert nichts mehr. Aber was mich immer mehr erschreckt, ist, mit welcher Brutalität die Menschen getötet wurden, die vor mir liegen.«

Die zunehmende Grausamkeit macht auch Martin, dem jungen Polizisten, zu schaffen, gesteht er mir. Früher hätten sich die Kartellmitglieder einfach erschossen, heute würden sie die Opfer nach dem Tod noch zusätzlich entstellen oder demütigen, indem sie ihnen abgetrennte Finger in alle möglichen Körperöffnungen stecken. Auch vor Kindern anderer Gangs würden sie keinen Halt mehr machen, erklärt mir der Mann, der selbst Vater von drei kleinen Jungen ist. Seitdem ist seine persönliche Angst gestiegen, doch auch er will seine Stadt nicht verlassen.

Im Gegensatz zu vielen anderen Kindern wollte Martin nie Polizist werden. Doch die schlechten Zustände in seiner Stadt und der Blick in die düstere Zukunft haben ihn verändert. Seine persönliche Motivation und der Grund, weshalb er jeden Tag sein Leben riskiert, sind seine Kinder.

»Ich will nicht, dass sie in einer solchen Stadt leben, wenn sie erwachsen sind. Um ehrlich zu sein: Ich will erst mal sichergehen, dass sie überhaupt erwachsen werden.«

Doch das hängt nicht nur davon ab, ob Martins Kinder irgendwann Opfer werden. Noch größer ist die Gefahr, dass sie Täter werden, in die falschen Kreise rutschen, plötzlich in einer Straßengang Halt suchen. Diese Gefahr ist in Ciudad Juárez größer als in den meisten anderen Städten der Welt. Laut aktuellen Zahlen der »Behörde für öffentliche Sicherheit« gehören in Juárez mehr als 14000 Jugendliche im Alter von 13 bis 17 Jahren einer Gang an. Die meisten dieser »chicos« werden zu Mördern, noch bevor sie volljährig sind. Wenn sie bis dahin nicht selbst getötet wurden.

»Die meisten Gangster und die meisten, die dafür bezahlt werden, jemanden umzubringen, sind minderjährig. Weil unser Gesetz nur sehr geringe Strafen für Minderjährige verhängt. Die können zum Beispiel dreißig Menschen töten und bekommen dafür nicht mehr als fünf Jahre Haft.«

Ist das vielleicht der Hauptgrund für die außergewöhnlich hohe Todesrate in dieser Stadt, in der es auf den sieben Friedhöfen kaum noch eine freie Grabstelle gibt? Es heißt: Jeder Bewohner dieser Stadt kennt jemanden, der im Drogenkrieg getötet wurde. Für sie alle singen die Friedhofs-Mariachi. Das sind Musiker, die täglich von Grab zu Grab ziehen und für die Hinterbliebenen Lieder singen. Mal tröstend, mal beklagend, mal an den Verstorbenen erinnernd. Für 20 Pesos, etwa 1,20 Euro pro Lied und pro Musiker. Auch ihre Geschäfte laufen fantastisch. Des einen Leid ist des anderen Freud.

Zurück auf dem Polizeiwagen erzählt mir Martin von den ersten Ermittlungsergebnissen. Eine erschreckende Erkenntnis am späten Abend: Alle Schießereien des Tages, über die wir berichtet haben, wurden von ein und derselben Gruppe ausgeführt. So etwas nennt man große Abrechnung. Plötzlich ist die Stimmung angespannt, überall in der Stadt heulen jetzt Sirenen durch die Dämmerung. – Die Bundespolizei rückt an, und mein Kameramann und ich müssen uns ins Hotel zurückziehen, fordert Martin:

»Hört mal, Jungs! Einer unserer Kollegen wurde soeben angeschossen. Sie greifen uns also gerade an. Das bedeutet Alarmstufe Rot. Ich muss euch jetzt hier zurücklassen. Ich kann das Risiko nicht eingehen, Zielscheiben aus euch zu machen.«

»Was genau bedeutet Alarmstufe Rot?«, will ich von ihm wissen.

»Es bedeutet, dass wir in höchster Alarmbereitschaft sind, weil wir direkt angegriffen werden. Jetzt geht es nicht mehr nur um ein Verbrechen, das irgendwo geschieht, jetzt greifen sie die Polizei an.«

Was für eine Stadt. Was für Zustände. Was für (k)ein Leben dort. Es gibt in dieser Stadt niemanden mehr, der sich sicher fühlen kann. Selbst meine Journalistenkollegen werden gezielt gejagt und getötet. 15 tote Berichterstatter allein in dem Jahr meines Besuches. Der letzte Mord geschah erst in der Woche vor meiner Ankunft. Viele Kollegen lassen sich in andere Städte versetzen, manche schmeißen ihren Beruf hin. Es vergeht kaum ein Tag, an dem nicht irgendwo in der Stadt eine Morddrohung an Journalisten gerichtet auftaucht. Die steht meist auf Mauern und Häuserwänden geschrieben, damit sie auch jeder sehen kann. Doch da in den mexikanischen Medien über diese Drohungen nicht berichtet werden darf, übermalt die Polizei die Krakeleien sofort. Auch an diesem Tag taucht eine erneute Warnung an zu eifrige Journalisten auf, mit folgendem Inhalt:

**An alle Journalisten! Wer zu neugierig ist –
bezahlt mit seinem Leben!**

Ich erfahre von diesen Morddrohungen erst am vorletzten Tag, als mich ein mexikanisches Fernsehteam um ein Interview bittet. Für die Abendnachrichten. Dort möchte man über die letzten ausländischen Journalisten in der Stadt berichten, und so tauschen mein Kameramann und ich plötzlich unfreiwillig die Seiten: Wir werden vom Berichterstatter auf einmal zur Geschichte. Wie grotesk.

Den letzten Tag in Ciudad Juárez verbringe ich im Gefängnis. Drei Haftanstalten gibt es in dieser Stadt, und sie alle sind bis zur letzten Zelle gefüllt mit rund 6000 Gefangenen. Die meisten von ihnen sitzen wegen Drogenhandel und Drogentransport bis zu sechs Jahre hinter Gittern. Jeder Dritte ist wegen Mordes verurteilt. Mit einem von ihnen bin ich zum Interview verabredet. Er ist ein Auftragsmörder und sitzt isoliert in einem Hochsicherheitstrakt. Ich bin überrascht, dass man mich hier drehen lässt, wo doch erst vor einem Jahr über eine Gefangenenrevolte in diesem Gefängnis von allen mexikanischen Medien berichtet wurde. Wie die Häftlinge damals an die Waffen kamen, ist bis heute nicht geklärt. Zwanzig Tote und sieben Schwerverletzte blieben zurück. Es ging um die Machtverteilung in der Stadt und im Knast, denn hier laufen die Geschäfte weiter.

Oskar heißt der Auftragsmörder. Meine Fragen will er offen beantworten. Einzige Bedingung: Sein Gesicht darf ich nicht filmen. Er hat Angst vor Rache. Begründete Angst, wie ich gleich erfahren werde. Es folgt ein Gespräch über die menschlichen Abgründe:

JENKE   Wie viele Menschen haben Sie getötet?

OSKAR   Alles in allem waren es 140, 150 Menschen, an die ich mich erinnern kann. Aber wahrscheinlich waren es noch mehr.

JENKE   Wie sieht ein solcher Mord konkret aus?

OSKAR   Es muss ein Volltreffer sein. In den Kopf. Und nicht mehr als zwei Schüsse. Man muss die Arbeit vollenden und weggehen mit dem sicheren Wissen, dass die Person nicht mehr existiert.

JENKE   Was ging Ihnen nach einem Mord als Erstes durch den Kopf?

OSKAR   Am Anfang hast du das Gefühl, dass dich alle jagen, und du willst nur abhauen. Es ist schwer. Aber wenn du so etwas fast täglich machst, wird es normal. Ich glaubte, dass das menschliche Leben keinen Wert hat.

JENKE   Waren viele Kinder unter Ihren Opfern?

OSKAR   Ja. Es waren mehrere Neugeborene, mehrere Kinder und alte Menschen darunter.

JENKE   Bereuen Sie oder war das alles für Sie nur ein Job?

OSKAR   Ich bereue sehr, was ich getan habe, und es tut mir leid, dass ich mir vorher nicht genügend Gedanken gemacht habe. Diese Leute hätten meine Verwandten sein können, meine Geschwister, meine Kinder, und ich habe ihnen das angetan. Ich bereue das alles sehr.

Mindestens 150 Menschen hat Oskar für Geld getötet, weitere 35 Menschen entführt und gegen Lösegeld wieder freigelassen. Verurteilt wurde er zu zwanzig Jahren Haft, allerdings nur wegen mehrfacher Entführung. Für seine Morde wurde er nicht verurteilt. Vielleicht weil er gute Beziehungen hatte? Denn Oskar war Polizist. Auch während er als Auftragsmörder gearbeitet hat. Sein damaliger Chef wurde ebenfalls verhaftet. Zweihundert Polizisten stürmten ein Hotel in der Innenstadt von Ciudad

Juárez und nahmen den Polizeichef fest. Dabei beschlagnahmten sie auch Drogen und Waffen.

Nach meiner Woche in der gefährlichsten Stadt der Welt, nach vielen Gesprächen mit Tätern und Hinterbliebenen und den vielen entsetzlichen Bildern, die ich sah, stellt sich mir meine Eingangsfrage mehr denn je: Warum leben Menschen freiwillig an einem solchen Ort? Warum begeben sie sich nicht in Sicherheit und machen sich auf den Weg zu einem lebenswerteren Ort? Warum nehmen selbst Eltern diese Gefahren für ihre Kinder widerstandslos in Kauf?

Weil der Mensch ein Gewohnheitstier ist. Unsere Gewohnheiten bestimmen bis zu fünfzig Prozent unseres täglichen Handelns, sagen die Wissenschaftler. Der Mensch arrangiert sich mit allem und verliert mit der Zeit die Distanz. Das war in der Evolution schon immer so. Nur deswegen stehen wir heute auf unserer Entwicklungsstufe da, wo wir sind. Die meisten Menschen klammern sich lieber an das Gewohnte und mühen sich ab auf ihren ausgelatschten, steinigen Wegen, als neue, ungewohnte Pfade einzuschlagen. Das macht ihnen offenbar noch viel mehr Angst als ein Leben in der gefährlichsten Stadt der Welt.

Nachtrag

Als ich vor wenigen Monaten ein letztes Mal mit Martin Kontakt hatte, teilte er mir mit, dass er den Polizeidienst quittiert hatte und der Stadt endgültig den Rücken gekehrt habe. Mit seiner Frau und den gemeinsamen Kindern.

Wie
hält dich
deine Freundin
eigentlich aus?

»Die meisten Frauen setzen
alles daran, einen Mann zu ändern,
und wenn sie ihn dann geändert
haben, mögen sie ihn nicht mehr.«

Marlene Dietrich

Kaum eine Frage wird mir häufiger gestellt als die, wie und warum meine Freundin das alles mitmacht. Wie sie meine abenteuerlichen und oft gefährlichen Dreharbeiten in fernen Ländern und in letzter Zeit auch meine körperlich sehr intensiven Experimente mitträgt. Das habe ich mich auch schon oft gefragt. Und sie natürlich auch.

Ich bin mir der Tatsache bewusst, dass dies keine Selbstverständlichkeit ist, dass es sehr oft sehr schwierig für sie sein muss, und ich weiß das große Glück sehr zu schätzen, gerade diese Frau an meiner Seite, in meinem Herzen und in meinem Leben zu haben.

Ich würde ihre Unterstützung und ihren Zuspruch, aber auch ihr Mittragen damit erklären, dass sie eine so wundervolle, uneitle Frau mit sehr viel Kraft und Stärken ist. Dass sie voller Verständnis, Interesse und Weitsicht ist und mich so sein lässt, wie ich bin und wie ich war, als sie sich in mich verliebte.

Ich habe ihr beim Verfassen dieses Buches die Frage wieder und wieder gestellt und sie gebeten, es einmal aufzuschreiben. Das wollte sie erst nicht und hat es dann glücklicherweise doch getan.

Lesen Sie also ihre ganz persönliche Antwort auf die Frage: Wie hält dich deine Freundin eigentlich aus?!

Mias
Blick auf
Jenke

Oft werde ich gefragt, wie es sich an der Seite eines Mannes aushalten lässt, der scheinbar kein Risiko scheut, sich immer wieder Gefahren aussetzt, vermeintlich ohne Rücksicht auf Verluste.

Als ich Jenke das erste Mal bewusst im Fernsehen wahrnahm, putzte er Toiletten in einer Diskothek. Als Berufstester für »Extra«. Ich zog in Gedanken meinen Hut vor ihm und stellte mir die Fragen: »Wer macht so etwas freiwillig? Wer ist derart uneitel und schmerzbefreit?«

Hätte ich damals geahnt, dass exakt dieser Mann die Liebe meines Lebens und meine Bestimmung ist, wäre ich der Beantwortung dieser Fragen wohl schon eher auf den Grund gegangen. Aber alles zu seiner Zeit!

Nachdem ich nun ihn und all seine außergewöhnlichen, hochspannenden und vielseitigen Geschichten kenne, weiß ich die Antwort: Er!

Wer so extrem lebt und seine eigenen Grenzen in solchem Maße überschreitet, der sollte wohl besser Single bleiben, brächte er anderenfalls vermutlich seine Liebsten ungefragt mit in Gefahr.

Doch dem ist nicht so! So waghalsig seine Aktionen auch sein mögen, nähert er sich diesen immer mit Bedacht. Wenn Jenke daraufhin eine Entscheidung getroffen hat, dann zieht er die Sache durch!

Ich bewundere seine Einstellung, offensichtlich hat er vor

nichts Angst, er ist sich für nichts zu schade oder zu fein. Er ist das beste Beispiel dafür, dass nur derjenige, der eine Überzeugung hat und voll dahintersteht, diese konsequent leben und dabei so viel Sicherheit ausstrahlen kann, die in gleicher Weise ansteckend wie beruhigend ist.

Das gibt auch mir sehr viel Kraft. Selbst in Momenten, in denen ich allein in Deutschland sitze und nicht weiß, wo genau er ist, wann wir das nächste Mal voneinander hören oder lesen werden. Es gibt wahrlich Berufe, die weniger Leidensfähigkeit des Partners voraussetzen und erfordern!

Meine Ängste um ihn sind in diesen Situationen immens groß und allgegenwärtig. Meine Furcht und Sorgen behalte ich in solchen Fällen allerdings vorerst für mich. Denn ich möchte ihn durch meine eigenen Befindlichkeiten weder blockieren noch ablenken oder zusätzlich belasten. Das ist in Momenten räumlicher Distanz für mich die einzige Möglichkeit, weitere Risiken aktiv zu vermeiden und somit die beste Unterstützung. Die tatsächliche Lage vor Ort kann ich aus der Entfernung ohnehin nicht objektiv einschätzen, deshalb vertraue ich ihm und seiner Beurteilung.

Also abwarten und Tee trinken, vor allem aber das Atmen nicht vergessen! Man begreift, dass manche Ängste nicht besiegbar, wohl aber kontrollierbar sind. An Jenkes Seite zu sein setzt Eigendisziplin und Selbstbeherrschung voraus. Hysterie wäre der falsche Begleiter, Verständnis und Gelassenheit hingegen sind sehr gute Ratgeber. Das war mir von Anfang an klar, nur manchmal vergesse ich es.

Erst wenn wir uns persönlich wiedersehen, spreche ich mit ihm rückblickend über meine Gemütslage. Ich finde großartig, was er macht, das heißt jedoch nicht automatisch, dass ich selbst alles genauso machen würde. Ich bezeichne mich ohnehin als nicht sonderlich risikoaffin.

Nicht weniger angsteinflößend sind die Situationen, die ich

hautnah begleite, all seine letzten Experimente habe ich miter-
lebt, durchlebt und durchlitten. Ich muss zugeben, es gab einige
Momente, in denen ich in sehr großer Sorge um ihn war, jedoch
immer mit dem Wissen, dass es sein Wunsch ist, trotz der Risiken. Meine Liebe für ihn trägt es mit!

Jenke wagt sich sehr weit nach vorn, fühlt sich so hinein, dass
er mit dem Thema verschmilzt, er lässt sich bewusst fallen,
würde aber niemals gedankenlos springen! Das ist der Grund,
weshalb ich ihn und seine Aktionen zu einhundert Prozent un-
terstütze.

Er übernimmt Verantwortung für sich selbst und trägt die
Konsequenzen. Mir bleibt die freie Entscheidung, diese mitzu-
tragen oder nicht. Bislang habe ich die Reißleine, um ihn und
mich selbst zu schützen, nicht ziehen müssen. Behalte mir dieses
Recht jedoch jederzeit vor. Ich habe festgestellt, je öfter eine
wagemutige Aktion ein positives Ende findet, umso größer wird
das Vertrauen, umso kleiner ist meine Angst beim nächsten Mal.
Damit greift das Gesetz der Serie! Routine ist in dem Fall also
eine feine Sache. Die eigene Schmerzgrenze steigt zudem kon-
tinuierlich. Desensibilisierung in ihrer schönsten Form.

Jedes seiner Vorhaben besprechen wir im Vorfeld intensiv.
Meine Bedenken und meinen Rat nimmt er stets ernst und an.
Bei allem, was eine nicht wiederherstellbare Veränderung seines
Gesundheitszustandes mit sich brächte, wäre meine persönliche
Toleranzgrenze allerdings erreicht. Doch letztendlich liegt die
Entscheidung bei ihm. Ich bin überzeugt von seiner Arbeit, von
dem, was er tut, weil es für ihn das Richtige ist. Wenn es ihn
glücklich macht, macht es auch mich glücklich. Einige seiner
Experimente waren eine wirkliche Belastungsprobe für unsere
Beziehung, doch auch daran sind wir gewachsen und lernten uns
noch besser kennen.

Die allererste Aufgabe in einer Liebesbeziehung ist es, den
anderen so sein zu lassen, wie er ist, ihn nicht verändern zu wol-

len. Die Kunst ist es, den anderen zu stützen, ohne sich selbst dabei zu verbiegen. Ich profitiere von seinen Erfahrungen und Erlebnissen. Nicht nur, weil ich mich automatisch mit all diesen Themen befasse, sondern in allererster Linie sind es die verschiedenen Blickwinkel und vielen Perspektiven, die mir persönlich neue Denkansätze und im Allgemeinen mehr Verständnis verschaffen.

Der Job der starken Frau, die hinter einem starken Mann steht, macht nur dann Spaß, wenn dieser nicht ausschließlich auf Kosten der Partnerin geht. Um im Gleichklang zu sein, braucht es jedoch keine feste Rollenverteilung. Viel wichtiger für eine Beziehung auf Augenhöhe ist Bedingungslosigkeit und Respekt.

Wenn man also sehr viel Glück hat, ist es einem gegönnt, einmal im Leben den einen zu entdecken, der einen vervollständigt und ankommen lässt. Einen Schatz, den man hüten will, dessen Pflege ein Herzenswunsch und Grundbedürfnis ist. Ich habe den meinen gefunden. Das bedeutet allerdings nicht nur unendliche Erfüllung, sondern auch unfassbare Angst, dieses Glück wieder zu verlieren. Starke Gefühle sind eben nichts für schwache Nerven! Sich selbst zu beruhigen ist eine große Herausforderung, doch eine wirksame Methode, um seine Ängste zu reduzieren. Miteinander zu sprechen ist unverzichtbar. Es ist die Grundlage unserer Beziehung, sich dem anderen ungefiltert mitzuteilen. Nie zuvor habe ich solch intensive und tiefgründige Gespräche geführt, wie es mit Jenke möglich ist. Tage- und nächtelang. Wochenlang. Wir erzählten uns von Anfang an, wer und wie wir wirklich sind, welche Philosophie, Träume und Wünsche wir haben. Daran haben wir bis heute nichts geändert. Das verschafft gelegentlich nicht nur Klarheit, sondern auch Irritationen, doch allem voran Vertrauen und Verbundenheit. Man muss keinesfalls komplett identisch sein, um den anderen verstehen und mit ihm glücklich sein zu können, man sollte es nur wollen. Wir haben gegenseitig gespürt, dass unser jeweils wahres Ich beim anderen in besten Händen ist.

Unsere Lebenseinstellung ist in den wesentlichen Punkten dieselbe. Für uns beide ist nichts im Leben selbstverständlich, wir sind dankbar, aber nicht zu ehrfürchtig, weil man sonst das Leben selbst vergisst. Gelegentlich frei von Erwartungen zu sein, sich auf den jeweiligen Moment einzulassen, ist wohltuend und verschafft wertvolle Erfahrungen, die man mit einem festen Bild im Kopf einfach übersehen hätte. Letztendlich ist alles eine Frage der Balance. Was der richtige Maßstab und das richtige Maß ist, welche Zutaten es dafür braucht, das soll, muss und darf jeder für sich selbst entscheiden. Glücklich sein und tatkräftig sein kann nur der, der bei sich selbst angekommen ist.

All das umzusetzen ist ein Prozess, der Zeit braucht. Man sollte deshalb von sich selbst nicht zu viel verlangen, zu hoher Erwartungsdruck verkehrt sich nur ins Gegenteil, man kapituliert. Es ist also besser, auf sich selbst und sein eigenes Tempo zu vertrauen. Sich anzunehmen, wie man ist, sich weder unter- noch überschätzen. Das sind einige der vielen Dinge, die ich von Jenke gelernt habe.

Eine besonders erstrebenswerte seiner Denkweisen ist, dass es egal ist, was andere von dir halten, wenn du nur selbst davon überzeugt bist, dass es das Richtige ist. Das ist der Antrieb, zu sich selbst zu stehen, zu seiner eigenen Ideologie. Wo wäre die Menschheit heute, hätten sich alle von der Meinung anderer und der Angst vor deren negativer Bewertung abhalten lassen, Neues zu wagen? Und es stimmt, denn wer versucht, es allen recht zu machen, wird dabei immer einen vergessen: sich selbst! Man muss diesen Gegenwind aushalten können, doch es lohnt sich. Wenn man etwas wirklich will, dann erreicht man es! Das Schlüsselwort ist Eigeninitiative. Jenke ist dafür der perfekte Beweis. Lieber mit Versuch und Irrtum zum Ziel, als gar nicht erst loszulaufen. Man kann nur gewinnen! Nur der, der nichts macht, hat schon verloren! Einfach losleben! Wer so tickt wie er, der nimmt sein Leben in die Hand, statt die Zeit mit Warten auf die vermeintlich bequemere Alternative zu vergeuden. Er ist authentisch und hat praktisch keine Berührungsängste, oft spiegeln dies seine Interviewpartner – was der Grund dafür ist, weshalb sie die Kamera vergessen und ihr Herz öffnen.

Der Jenke aus dem Fernsehen ist komplett identisch mit der Privatperson. Er entscheidet sich ausschließlich für Projekte, die ihn persönlich interessieren. Niemals würde er etwas machen, was ihm widerstrebt. Er macht sein Ding, wer dabei zuschauen will, ist herzlich willkommen. Ich bin sehr stolz auf ihn, dass er sich selbst treu bleibt.

Wer glaubt, dass ein unerschrockener Draufgänger und gleichzeitig ein besonnener Partner zu sein ein Widerspruch in sich sei, dem sei gesagt, keinesfalls! Es ist die ideale Mischung. Jenke ist nicht nur mein Lieblingsmensch, Geliebter und Verbündeter, sondern ebenso meine allerbeste Freundin. Er hat den genialsten Humor. Jenke ist mutig, liebevoll, loyal, zuverlässig, empathisch, fürsorglich, sinnlich, warmherzig, verrückt, reflektiert, aufrichtig, …

Eine hervorragende Mixtur aus Feingeist, Lausbub und Partner fürs Leben. Ein Typ für alle Fälle. Der Mann der Kontraste, der facettenreicher, faszinierender und spannender nicht sein könnte.

Eines gibt es bei uns allerdings nie: Langeweile! Wir haben keinen festen Fahrplan, nur ein Ziel: gemeinsam glücklich und zufrieden bleiben. Seitdem ich Jenke kenne, ist jeder Tag ein Geschenk. Meine Antwort auf die Frage, wie es sich mit einem Mann wie ihm aushalten lässt, lautet also: PERFEKT! Er ist mein real existierender Traummann. Jeder sollte seinen Jenke haben!

Bonuskinder

»Die meisten Menschen
sind so glücklich, wie sie es sich
selbst vorgenommen haben.«

Abraham Lincoln

Ich wollte um jeden Preis pünktlich sein, denn dieser Tag war ein ganz besonderer. Für das wilde Treiben am Bahnhof um mich herum hatte ich keine Augen. Ein letzter schneller Blick auf die Anzeigetafel, die mich zu Gleis sechs schickte, und während die Stimme des Bahnhofsprechers mich zur Eile mahnte, rollte der ICE aus Leipzig betulich in den Bahnhof ein. In ihm saß meine Freundin mit ihrer 10-jährigen Tochter. Ungeduldig und mit pochendem Herzen wartete ich auf die dritte Begegnung mit Mia und das erste Treffen mit ihrer Tochter. Wird das junge Mädchen mich mögen? Werde ich sie mögen? Diese Begegnung zu dritt sollte über unsere gemeinsame Zukunft entscheiden. Deshalb war der damalige Tag ein ganz besonderer!

Das Erste, was ich an Mia kennen- und lieben lernte, waren ihre Worte. Die besondere Art und Weise, wie sie Worte auswählte, aneinanderreihte und damit Sätze bildete, haben mich fasziniert. Sätze, die eine solche Anmut, eine Intelligenz und einen Witz haben, dass ich mich bereits in sie verliebte, noch bevor ich sie ein einziges Mal gesehen oder gesprochen hatte.

Es folgte ein erstes, sehr langes Telefonat, und auch diesmal war ich entzückt, denn die schönen Worte bekamen plötzlich einen sehr schönen Klang. Wir schrieben und wir telefonierten und sprachen von Anfang an mit großem Vertrauen sehr offen über alle Bereiche unseres Lebens. Schließlich verabredeten wir uns ein paar Tage später auf neutralem Boden in Berlin. Zu diesem Zeitpunkt wusste ich auch, dass Mia bereits Mutter von drei Töchtern war, sechs, acht und zehn Jahre alt.

Ich habe von so vielen Männern und Frauen gehört, für die es ein großes Problem darstellte, wenn der oder die Neue mit einem Kind im Gepäck in deren Leben trat, und viele von ihnen waren nicht bereit, sich dieser Veränderung oder Herausforderung zu stellen. Aus Egoismus? Aus Angst? Aus der Befürchtung, nicht genügend Liebe abzubekommen? Sie werden dutzende Gründe für sich gefunden haben. Als Mia mir am Telefon von ihren drei Töchtern erzählte, war ich von meinen Gedanken wohl am allermeisten überrascht. Denn es machte mir nicht nur nichts aus, ganz im Gegenteil, ich fand die Vorstellung sehr schön und überhaupt nicht beunruhigend. Nicht eine Sekunde lang. Ich liebe Kinder, habe selbst den wundervollsten Sohn, den man sich nur wünschen und vorstellen kann. Jánik ist jetzt zwanzig Jahre alt, hat ein gutes Abi gemacht, und aus dem kleinen Kerl wurde, für mich leider viel zu schnell, ein erwachsener Mann, auf den ich irrsinnig stolz bin!

Vielleicht liegt genau da eine Erklärung, warum ich so freudig gespannt war auf die drei kleinen Mädchen in Mias Leben: Ich hatte plötzlich »Bonuskinder« und durfte wieder in die Welt der kleinen Menschen eintauchen, und zwar in einem Alter fern der Windeln, in dem man sich intensiv mit ihnen auseinandersetzen kann, von ihnen lernt und in Teilen noch einmal die eigene Kindheit nachempfinden kann. Und auch die meines Sohnes. Ich fand diese Vorstellung sehr, sehr schön.

Mich beruhigte auch sehr die Tatsache, dass es einen Vater dieser Kinder gibt, der Teil ihres täglichen Lebens ist, der Verantwortung übernimmt und sich mit viel Liebe seinen Kindern widmet. Das nahm mir den Druck der ganzheitlichen Verantwortung und auch die Angst, andere zu enttäuschen.

Zischend blieb der ICE aus Leipzig vor meiner Nase stehen. Ich spürte, wie mein Herzschlag an Tempo gewann und sah die ersten Menschen den Zug verlassen. Ungeduldig hielt ich Ausschau nach Mia und ihrer Tochter Sarah. Wir hatten verabredet, dass wir unser gemeinsames Kennenlernen für jedes Kind individuell gestalten, um niemanden zu überfordern und jedem genügend Aufmerksamkeit zu widmen. Doch ich konnte die beiden nicht entdecken. War das überhaupt der richtige Zug? Waren sie schon unbemerkt an mir vorbeigelaufen? Endlich sah ich zwei hellblonde, hübsche und zarte Gestalten am Horizont erscheinen und Ausschau halten, so wie ich. Das waren sie, Mia und Sarah. Ich versuchte, mir meine Aufregung nicht anmerken zu lassen, und ging ihnen, einen leichten Schritt vorgebend, entgegen. Es wurde für mich zu einem ganz besonderen Moment, als mich das junge Mädchen in ihre dünnen Arme nahm und sich vorstellte. Das Eis schien nicht gebrochen, das Eis hatte es niemals gegeben. Es hatte einfach keine Möglichkeit, sich zu bilden, denn die Atmosphäre war von Beginn an herzerwärmend.

Den Rest des Tages verbrachten wir drei beschwingt plappernd und uns freudig beschnuppernd. Noch heute, 18 Monate später, sprechen wir oft darüber, beschreiben uns gegenseitig unsere Gefühle und Ängste, unsere Erwartungen und Hoffnungen. Und wir stellen immer wieder fest, was für ein großes Glück wir hatten, weil wir uns alle so offen, wie in einer solchen Situation möglich, darauf einließen.

Die gemeinsamen Tage vergingen sehr schnell, zu schnell, und wieder standen wir drei am Hauptbahnhof und warteten auf den Zug. Wir waren traurig, dass wir uns trennen mussten, wo wir uns doch gerade erst gefunden hatten. Kann es besser laufen?!

Den Gegenbesuch in Leipzig stattete ich kurze Zeit später ab, wieder einmal aufs Äußerste gespannt, denn es gab ja noch zwei weitere Töchter, sechs und acht Jahre alt, die auch ein Stimmchen zu alledem hatten. Und es gab den Vater der drei

Kinder, den Ex-Mann meiner Freundin, auch eine Hürde. Mia und er hatten sich zwei Jahre zuvor getrennt, blieben aber freundschaftlich miteinander verbunden.

Da sie nur wenige Gehminuten voneinander entfernt leben, war das Aufteilen der Kinder nie ein Problem, und die Mädchen mussten keines der Elternteile vermissen. Aber jetzt kam jemand dazu, ein völlig Fremder, der auch als Bedrohung, als Unruhestifter empfunden werden könnte. Und das war ich. Ich legte die Reihenfolge des Michvorstellens fest: zuerst die beiden Mädchen und dann der Ex. Und so standen Mia und ich am frühen Nachmittag vor dem Kindergarten, um Emma in Empfang zu nehmen. Ich erkannte sie von Weitem an ihrem leuchtend orangefarbenen Haar. Als sie mich erblickte, blieb sie stehen, riss ihre großen blauen Augen weit auf, sammelte sich kurz und rannte dann auf uns zu. Erst fiel sie ihrer Mutter um den Hals, dann mir. Auch sie machte es mir von Anfang an leichter, als ich zu hoffen wagte, überschüttete mich gleich mit Fragen über mich und Erzählungen aus ihrem Kindergartentag. Wie ich das genoss!

Auch die mittlere Tochter, Sophia, die wir Minuten später vor der Schule einsammelten, empfing mich mit der gleichen offenen, herzerwärmenden Art, sodass es zu keiner Zeit irgendwelche Berührungsprobleme zwischen Mia, mir und meinen drei »Bonuskindern« gab.

War damit zu rechnen? Wie viele hätten an meiner Stelle im Vorfeld gesagt, das könne nicht gut gehen? Wie viele hätten sich von ihren Ängsten das Glück verbauen lassen? Wie viele haben durch ihre Vermeidungshaltung solche oder ähnliche Situationen und Begegnungen verpasst?

Auch diese Geschichte hatte natürlich ihre Schwierigkeiten, denn sie ist mitten aus dem Leben und nicht aus einem Hollywood-Drehbuch. Wo sechs Menschen aufeinandertreffen, um sich gemeinsam neu auszurichten, da tauchen Befindlichkeiten auf, Irritationen und Ängste, und jeder der Beteiligten hat seine ganz individuellen Befürchtungen. Verteile ich meine Liebe an alle in denselben großen Portionen? Kommt niemand zu kurz? Bleibt der Vater immer der Vater und damit eine der wichtigsten Bezugspersonen oder befürchtet er, dass ich ihm diese Rolle streitig mache? Was ist mit der Eifersucht untereinander, und wie kann man ihr entgegentreten? Und für die Kinder ganz wichtig: Werden sich Papa und Jenke gut verstehen?

Ja, ihr Papa und ich verstehen uns. Überraschend gut sogar. So gut, dass die drei Mädchen vor seinen und meinen Augen sich küssend von ihm oder mir verabschieden und ihre Liebe zu uns beiden Vätern nicht verstecken. So gut, dass sie mich inzwischen ihren zweiten Papa nennen und sich über das große Glück und die große Liebe zwischen ihrer Mutter und mir sehr freuen. Das ist nicht selbstverständlich, das weiß ich. Es ist ein großes Geschenk, ein ganz großes Glück.

Und das ist uns allen nur widerfahren, weil wir uns darauf eingelassen haben.

Trotz unser aller Ängste!

Es ist nur ein weiteres und für dieses Buch mein letztes Erlebnis, das mich zum Verfassen der vorausgegangenen Kapitel gebracht hat. Eine Erkenntnis, die ich in den letzten 48 Jahren für mich gefunden und formuliert habe:

Nur wenn ich mich meinen Ängsten stelle, wenn ich mich freimache von auferlegten, anerzogenen und selbst entwickelten Mustern, die mich behindern, werde ich glücklich. Nicht die anderen sind dafür verantwortlich, sondern nur ich. Ich, ich und noch mal ich. Schieben Sie die Verantwortung nicht ab, warten Sie nicht darauf, dass das Glück eines Tages bei Ihnen anklopft. Gehen Sie dem Glück entgegen, aber mit offenen Augen, damit Sie es nicht übersehen und an sich vorbeigehen lassen. Bleiben Sie offen für Veränderungen, auch wenn Sie durch Ungewohntes erst mal irritiert sind. Vieles von dem, was wir anfangs nicht auf dem Plan hatten, was wir ablehnten, führte uns schließlich in die Sonne des Lebens. Habe ich Wünsche, muss ich sie formulieren, habe ich Bedürfnisse, muss ich mich um ihre Befriedigung kümmern. Habe ich Ängste, muss ich mich ihnen stellen. Jetzt und hier und nicht im nächsten Leben! Glauben Sie mir:

Wer wagt, gewinnt!

Danke!

Meiner Traumfrau Mia, dass sie mich liebt. Mich liebt, so wie ich bin, und mich dabei ständig ermutigt zu bleiben, wie ich bin. Die mich immer wieder inspiriert und meinen Horizont erweitert. Die mich zum Lachen, zum Weinen und zum Nachdenken bringt. Die mein Ruhepol ist, mein Friede, meine Gewissheit. Mia, ich liebe dich!

Meinem Sohn Jánik, dem wundervollsten Sohn der Welt. Der so viele Talente in sich trägt, so viel Kreativität, Verständnis und Liebe. Mein Traumsohn, auf den ich so unsagbar stolz bin!

Meiner wundervollen Mutter, die mich so sehr liebt und meine Entwicklung erst ermöglicht hat. Die meinetwegen sehr viel ausgehalten, entbehrt und ertragen hat.

Meinem Lieblingskameramann Jan Kreutz, der immer wieder bereit ist, an meiner Seite unter sehr widrigen Umständen spannende Reportagen zu drehen. Wir beide sind getrieben von derselben Neugier aufs Leben.

Meinem Agenten Jürgen Hepp für seine Geduld und seine Visionen. Für seine Stärke und seinen klugen Rat.

Fabienne Fier für ihre stets interessierte, liebevolle Art und Stärke.

Meiner Lektorin Franziska Beyer für ihre starken Nerven, ihre große Geduld, ihre Inspiration und den Feinschliff dieses Buches.

Meinem Haussender RTL.

Felix Rudloff für das große Vertrauen und die Möglichkeit, dieses Buch schreiben zu dürfen.

Den Protagonisten meiner Reportagen und Experimente für ihr Vertrauen und ihren Einsatz.

Jan Rasmus, Olaf Schirmeyer, Lotte Lang, Stephan Lieb.

Den vielen Zuschauern, die sich für meine Reportagen interessieren und mir dadurch überhaupt erst ermöglichen, so zu arbeiten.

Meinen Facebook-Anhängern für ihren Zuspruch und ihre Anregungen.

Den Käufern dieses Buches. ☺